BERNHARD DOMBEK

Das Verhältnis der Tübinger Schule
zur deutschen Rechtssoziologie

Schriftenreihe zur
Rechtssoziologie und Rechtstatsachenforschung

Herausgegeben von Prof. Dr. Ernst E. Hirsch

Band 15

Das Verhältnis der Tübinger Schule zur deutschen Rechtssoziologie

Von

Dr. Bernhard Dombek

DUNCKER & HUMBLOT / BERLIN

Alle Rechte vorbehalten
© 1969 Duncker & Humblot, Berlin 41
Gedruckt 1969 bei Alb. Sayffaerth, Berlin 61
Printed in Germany

Vorwort des Herausgebers

Während der ersten Jahrzehnte dieses Jahrhunderts laufen in der deutschen Privatrechtswissenschaft mehrere Strömungen nebeneinander her, die nach der Überwindung der sog. Begriffsjurisprudenz durch *Jhering* entstanden sind, dessen Person sowohl scharfe Grenze als auch Bindeglied zwischen der überwundenen Methode und den an ihre Stelle getretenen neuen Methoden war. Auch wenn diese neuen Methoden einen gemeinsamen Ausgangspunkt haben, so unterscheiden sie sich doch nach Ziel, Methode und Argumentation z. T. erheblich voneinander. Wie hier im einzelnen die erforderlichen Abgrenzungen vorzunehmen sind, ist hinsichtlich der „Rechtssoziologie" von *Eugen Ehrlich* durch *Rehbinder*, hinsichtlich der „Freirechtsschule" durch *Riebschläger*, hinsichtlich der „Rechtstatsachenforschung" von *Arthur Nußbaum* ebenfalls durch *Rehbinder* und hinsichtlich der Lehre von *Müller-Erzbach* durch *Knauthe* ausgeführt worden (vgl. die Bände 6, 10, 12 und 14 dieser Schriftenreihe).

In der vorliegenden Studie wird schließlich das Verhältnis der sog. „Tübinger Schule" der Interessenjurisprudenz zur deutschen Rechtssoziologie untersucht. Der Verfasser sieht in der Tübinger Schule eine Methodenlehre der soziologischen Jurisprudenz. Er zieht eine klare Grenze zwischen empirischer Rechtssoziologie und soziologischer Rechtslehre, betont aber mit Recht, daß eines der Hauptverdienste der Tübinger Schule darin besteht, in Deutschland den Anstoß für eine empirische soziologische Forschung auf dem Gebiet des Rechts gegeben zu haben, weil eine „Interessenjurisprudenz" ohne Erforschung der sozialen Wirklichkeit nicht durchführbar ist. Gerade die Umstände, die man der Tübinger Schule zum Vorwurf gemacht hat, nämlich ihre „materialistische" Auffassung und ihr bewußter Verzicht auf die Anerkennung einer absoluten Rangordnung der Lebensgüter, rechtfertigen ihre Charakterisierung als „soziologische" Rechtsschule, da es sich um Prämissen handelt, welche durch die empirische Rechtssoziologie bestätigt worden sind. Das Bild von dem Parallelogramm der Interessen, das der genetischen Interessentheorie zugrunde liegt, entspricht der soziologischen Erkenntnis, daß das Interesse eine Funktion der Wertvorstellung ist.

Berlin, im Frühjahr 1969

Ernst E. Hirsch

Inhaltsverzeichnis

Erster Teil

Die Tübinger Schule

§ 1 *I. Kapitel: Die Bezeichnung „Tübinger Schule"* 11

II. Kapitel: Die Begriffsjurisprudenz 12

§ 2 1. Abschnitt: Entstehung und Rechtsquellenlehre 12

§ 3 2. Abschnitt: Rechtsanwendung 14

§ 4 3. Abschnitt: Die Aufgabe der Rechtswissenschaft 15

§ 5 4. Abschnitt: Die Methodenlehren Iherings 16

III. Kapitel: Die Lehre der Tübinger Schule 17

§ 6 1. Abschnitt: Die Vertreter der Tübinger Schule 17

§ 7 2. Abschnitt: Die genetische Interessentheorie 19

      1. Der Begriff des Interesses 19

      2. Die Prinzipien der Interessenabwägung 22

§ 8 3. Abschnitt: Die Gesetzesauslegung 25

§ 9 4. Abschnitt: Begriffs- und Systembildung 30

§ 10 5. Abschnitt: Das Verhältnis zur Freirechtslehre 32

Zweiter Teil

Die Bedeutung der Tübinger Schule für die deutsche Rechtssoziologie

I. Kapitel: Die deutsche Rechtssoziologie 36

§ 11 1. Abschnitt: Die Soziologie als Wissenschaft 36

§ 12 2. Abschnitt: Die Rechtssoziologie als Wissenschaft 37

§ 13 3. Abschnitt: Die deutsche Rechtssoziologie 39

II. Kapitel: Das Verhältnis der Tübinger Schule zur Rechtssoziologie 43

§ 14 1. Abschnitt: Das Verhältnis zwischen Rechtswissenschaft und Rechtssoziologie 43

§ 15 2. Abschnitt: Die Tübinger Schule als soziologische Jurisprudenz 52

III. Kapitel: Die Bedeutung der Tübinger Schule für die deutsche Rechtssoziologie 53

§ 16 1. Abschnitt: Ausdrückliche Stellungnahmen der deutschen Rechtssoziologie zur Tübinger Schule 53

§ 17 2. Abschnitt: Der Einfluß der Tübinger Schule auf die Rechtspraxis 57

  3. Abschnitt: Die genetische Interessentheorie in der deutschen Rechtssoziologie 60

§ 18 Der Begriff des Interesses 60

§ 19 Die Prinzipien der Interessenabwägung 68

§ 20 Recht und Macht 77

§ 21 Der Rechtsbegriff 81

§ 22 4. Abschnitt: Die Erforschung der sozialen Wirklichkeit 85

§ 23 IV. Kapitel: Ergebnisse der vorliegenden Arbeit 90

Literaturverzeichnis 92

ERSTER TEIL

Die Tübinger Schule

I. Kapitel

§ 1: Die Bezeichnung „Tübinger Schule"

Im Jahre 1931 veröffentlichte die Tübinger juristische Fakultät eine Festgabe für *Max von Rümelin, Philipp Heck* und *Arthur Benno Schmidt*. Im Vorwort schreibt *Heinrich Stoll* an die Jubilare — *Rümelin* wurde 70 Jahre alt —: „Gemeinsame Forschungsziele, gemeinsame wissenschaftliche Überzeugungen und gemeinsame jahrelange Tätigkeit hat Ihr Wirken an der Universität Tübingen so sehr zu einer Einheit verbunden, daß Ihre Lehren sich Ihren Hörern als ein geschlossenes Bild der Rechtsgeschichte und des Bürgerlichen Rechts im weitesten Sinne einprägten und in der Wissenschaft von einer *Tübinger Schule* der Privatrechtslehre gesprochen wird."

Diese Bezeichnung „Tübinger Schule" wurde sehr selten verwendet[1], auch die Vertreter der Schule selbst gebrauchten sie fast niemals[2]. In der neueren rechtswissenschaftlichen Literatur findet sie sich dagegen schon häufiger[3].

Die Tübinger Schule wird jedoch auch heute statt nach dem Ort ihrer Herkunft meistens nach dem Begriff benannt, der im Mittelpunkt ihrer Erörterungen stand, nach dem Begriff des *Interesses*. Sie ist daher als *Interessenjurisprudenz* bekannt, und zwar als die ältere Richtung[4].

---

[1] Den Begriff verwenden: *Dnistrjanskyi*, AcP 141 (1935), 145; *Kreller*, ZdSavSt. RomAbt. 64 (1944), 475 und ZAkDR 5 (1938), 624; *Lange*, Recht und Staat, Bd. 128, S. 4; *Schönfeld*, Binder-Festgabe, S. 41.

[2] Zwar verwenden auch *Heck, Stoll*, S. 6, und *Stoll, Begriff*, S. 65, 72, den Begriff; jedoch nur, um auf dessen Verwendung durch andere hinzuweisen.

[3] Vgl. z. B. *Bartholomeyczik*, Gesetzesauslegung, S. 49; *Edelmann*, S. 89 Anm. 560, S. 91; *Esser*, StudGen 12 (1959), 100; Nachwort, S. 218; *Germann*, Grundlagen, S. 55; *Hirsch*, Recht im sozialen Ordnungsgefüge, S. 321; *Hubmann*, AcP 155 (1956), 89; *Rehbinder*, KZfSS 1964, 533; *Wieacker*, Privatrechtsgeschichte, S. 341.

[4] *Larenz*, Methodenlehre, S. 47; *Rehbinder*, a.a.O.

Die Vertreter der Tübinger Schule nannten ihre Lehre anfangs selbst „Interessenjurisprudenz"[5], später wurden jedoch auch die Bezeichnungen Zweck-[6] und Wertungsjurisprudenz[7] verwandt. Diese uneinheitliche Benennung erklärt, warum hier statt der geläufigeren Bezeichnung der Terminus „Tübinger Schule" benutzt wird. Dieser Name ist außerdem allein geeignet, aus der großen Zahl der Anhänger der Interessenjurisprudenz nur ihre Begründer und wichtigsten Vertreter, die alle an der Tübinger Universität lehrten, hervorzuheben.

Die Tübinger Schule versteht sich als eine reine Methodenlehre[8]. Sie will weder „eine allgemeine Rechtslehre in vollem Umfange, noch gar eine Rechtsphilosophie, eine Weltanschauung oder eine Richterethik geben"[9]. Sie ist entstanden aus einer kritischen Stellungnahme gegen die Begriffsjurisprudenz[10].

II. Kapitel

Die Begriffsjurisprudenz

1. Abschnitt

§ 2: Entstehung und Rechtsquellenlehre[1]

Da die Tübinger Schule aus einer kritischen Stellungnahme gegen die Begriffsjurisprudenz entstanden ist, ist zu einem besseren Verständnis der Tübinger Schule eine kurze Darstellung der Begriffsjurisprudenz nötig. Ursächlich für die Begriffsjurisprudenz des

---

[5] *Heck* in allen Schriften bis zum Jahre 1929 ohne Ausnahme. Wie *Rümelin,* Wandlungen, S. 34, richtig bemerkt, hat er diese Bezeichnung als erster gebraucht, und zwar in dem Aufsatz „Interessenjurisprudenz und Gesetzestreue", DJZ 1905, 1139; vgl. auch *Würtenberger,* Hdwb. d. SozW., Bd. 5, S. 94.

[6] *Heck,* Rechtserneuerung, S. 17, vgl. dazu *Forsthoff,* ZgesStW 97 (1937), 371.

[7] *Stoll,* Begriff S. 67, 68 Anm. 1, 75 Anm. 5. Auch *Heck,* Schuldrecht, S. 473 Anm. 1, ist der Ansicht, daß man auch von „wertender Jurisprudenz" reden könne.

[8] *Heck,* Gegner, S. 136. Vgl. auch *Wieacker,* Privatrechtsgeschichte, S. 342; *Kreller,* ZdSavSt. 64 (1944), 475.

[9] *Heck,* Rechtsphilosophie, S. 146.

[10] *Heck,* Begriffsbildung, S. 9; Gesetzesauslegung, S. 3; *Stoll,* Begriff, S. 64; *Esser,* StudGen 7 (1954), 373.

[1] Rechtsquelle ist hier verstanden im Sinne *Puchtas,* Gewohnheitsrecht, Bd. I, 1828, S. 144 f., und im Sinne der Rechtssoziologie, vgl. *Eichler,* S. 917.

§ 2: Entstehung und Rechtsquellenlehre 13

19. Jahrhunderts ist die Philosophie *Kants* gewesen[2], wie auch die naturrechtliche Bewegung, die das gesamte Recht aus abstrakten Wertformeln abzuleiten versuchte[3]. Außerdem hat auch die Rezeption zur Begriffsjurisprudenz geführt[4]. Unmittelbarer Anlaß dieser Lehre war jedoch die „Historische Rechtsschule" *Savignys*[5]. Für diese ist kennzeichnend die Forderung nach einer Verknüpfung von „historischer" und „systematischer" Methode[6]. Jene berücksichtigt die Entstehung des Gesetzes gerade in einer bestimmten historischen Situation, während diese darauf zielt, die Gesamtheit der Rechtsnormen als ein zusammenhängendes Ganzes zu verstehen. Dieser Systemgedanke bildete den Ansatz zur Begriffsjurisprudenz[7], daneben auch *Savignys* Lehre von den Rechtsinstituten. Er verglich bei der Fallanalyse nicht einfach die Fakten und die Norm, sondern ging zunächst von den Rechtsinstituten, organisch gewordenen Produkten der Geschichte, aus. Durch deren Ermittlung gelangte er dann erst zu den anzuwendenden Rechtsnormen, die sich als Teile, als Elemente der Rechtsinstitute darstellen. Das Rechtsinstitut ist also bei *Savigny* ein übergeordneter juristischer Begriff, der für die Fallentscheidung von Bedeutung ist.

Puchta, der Nachfolger Savignys auf dessen Lehrstuhl, hat die Einheit, die das System verdeutlichen soll, nach den Regeln der formalen Logik zu denken versucht, in der Art einer Begriffspyramide. Das Ideal dieses logischen Systems ist vollendet, wenn an der Spitze der Pyramide ein „allgemeinster Begriff"[8] steht, unter den sich alle übrigen Begriffe subsumieren lassen, zu dem man also von jedem Punkte der Pyramidenbasis aus durch eine Reihe von Mittelgliedern aufsteigen kann. Diesen logischen Zusammenhang der Begriffe sieht Puchta darüber hinaus als Erkenntnisquelle vorher noch nicht bewußter Rechtssätze an: „Es ist nun die Aufgabe der Wissenschaft, die Rechtssätze in ihrem systematischen Zusammenhang, als einander bedingende und voneinander abstammende, zu erkennen, um die Genealogie der einzelnen bis zu ihrem Prinzip hinauf verfolgen und ebenso von den Prinzipien bis zu ihren äußersten Sprossen herabsteigen zu kön-

---

[2] *Edelmann*, S. 37; *Franzen*, S. 51; *Müller-Erzbach*, Interessenjurisprudenz, S. 21, 27; a. A. *Ehrlich*, Logik, S. 253 f.
[3] *Danckert*, S. 58; *Esser*, StudGen 12 (1959), 97 f.; a. A. *Forsthoff*, ZgesStW 96 (1936), 51.
[4] *Heck*, Rechtsgewinnung, S. 18; Begriffsbildung, S. 92; Interessenjurisprudenz, S. 18; *Stoll*, Bürgerl. Recht, S. 5; *Ehrlich*, Logik, S. 172 ff.; *Rehbinder*, Begründung, S. 78.
[5] *Heck*, Schuldrecht, S. 474; *Stoll*, Begriff, S. 66; *Esser*, StudGen 7 (1954), 372 f.
[6] *Esser*, a.a.O.; *Coing*, JZ 1951, 481.
[7] *Edelmann*, S. 35 f.; *Larenz*, Methodenlehre, S. 15 f.
[8] *Larenz*, Methodenlehre, S. 18.

nen. Bei diesem Geschäft werden Rechtssätze zum Bewußtsein gebracht und zutage gefördert werden, die in dem Geist des nationalen Rechts verborgen, weder in der unmittelbaren Überzeugung der Volksglieder und ihren Handlungen, noch in den Aussprüchen des Gesetzgebers zur Erscheinung gekommen sind, die also erst als Produkt einer wissenschaftlichen Deduktion sichtbar entstehen. So tritt die Wissenschaft als dritte Rechtsquelle zu den ersten beiden; das Recht, welches durch sie entsteht, ist Recht der Wissenschaft, oder, da es durch die Tätigkeit der Juristen ans Licht gebracht wird, Juristenrecht[9]."

Diese Auffassung wurde von der Tübinger Schule als Lehre von der *Kausalität der Rechtsbegriffe* bezeichnet[10].

2. Abschnitt

§ 3: Rechtsanwendung

Die Rechtsanwendung durch den Richter wird als Subsumtion bezeichnet. Der Richter verwendet einen Obersatz (Rechtsnorm), der in Verbindung mit dem Untersatz (Lebenssachverhalt) einen Schlußsatz (das Urteilsgebot) ergibt. Dieser Obersatz muß ein Gebot sein, dessen Tatbestand allgemeiner ist als der Sachverhalt und dessen Rechtsfolge allgemeiner ist als das Urteilsgebot. Wenn der Obersatz bereits in der benötigten Form vorhanden ist, beschränkt sich die Tätigkeit des Richters auf die Subsumtion, die Erkenntnis, daß die Merkmale des hypothetischen Tatbestandes in dem prozessualen Sachverhalt vorhanden sind. Wenn der Obersatz noch nicht oder, wie es meist der Fall ist, nicht in der benötigten Bestimmtheit vorhanden ist, hat der Richter den erforderlichen Obersatz zu bilden.

Der Begriffsjurist wird den fehlenden Obersatz dadurch gewinnen, daß er aus den vorhandenen Normen zusammenfassend und aufsteigend einen allgemeinen Begriff gewinnt und aus ihm absteigend eine neue Norm, die fehlende, ableitet. Die richterliche Entscheidung wird also durch logische Deduktion gewonnen[1], durch „Rechnen mit Begriffen"[2]. Das ist bedingt durch die oben erwähnte Kausalität der Rechtsbegriffe. Dementsprechend kann die Begriffsjurisprudenz Lücken der Rechtsordnung nicht anerkennen. Das Problem der Lückenergän-

---

[9] *Puchta*, Cursus der Institutionen, Bd. 1 (1841).
[10] *Heck*, Interessenjurisprudenz, S. 11. Dagegen *Binder*, ZHR 100 (1934), 65 Anm. 59. Als „die letzte Wurzel" dieser Lehre bezeichnet *Edelmann*, S. 38, die Vier-Ursachenlehre des *Aristoteles* (Metaphysik, 1.3.1.; 5.2.1.).
[1] *Rümelin*, Billigkeit, S. 75.
[2] *Müller-Erzbach*, Umbau, S. 4; *Binder*, ZHR 100 (1934), 20.

zung besteht für sie theoretisch nicht. Was als Lücken angesichts der ausdrücklichen positiven Rechtssätze erscheint, ist in Wahrheit rechtlich geregeltes Gebiet. Die maßgebenden Rechtssätze sind mittelbar vorhanden; sie müssen nur durch Konstruktion aufgedeckt werden[3].

3. Abschnitt

§ 4: Die Aufgabe der Rechtswissenschaft

Auf der Annahme, daß die Begriffe für das Recht kausal seien, beruht auch die Aufgabe, die sich die begriffsjuristisch ausgerichtete Rechtswissenschaft stellt. Als Hauptaufgabe galt die genaue Bestimmung der wissenschaftlichen Begriffe[1]. Diese Begriffe dienten der Übersicht, aber ergaben zugleich ursprünglich die kausale Erklärung der Norm und auch später die feste Grundlage ihrer Ergänzung. Sie dienten zur Erklärung der Normen und zur Gewinnung neuer Normen. Die genaue Begriffsbestimmung und die Zusammenfügung dieser Begriffe zu einem einheitlichen deduktiven System, der bereits erwähnten Begriffspyramide, war das Ziel der Rechtswissenschaft. Infolge dieser Auffassung bot die deutsche Rechtswissenschaft im Ausgang des 19. Jahrhunderts einen Reichtum an begrifflichen Untersuchungen[2]. Die Probleme der Begriffsbestimmung wurden als Erkenntnisprobleme behandelt, als Fragen nach der objektiven Wirklichkeit, denn, wie *Puchta*[3] lehrte, war auch die Wissenschaft selbst Rechtsquelle.

Somit verfolgten alle diese sehr theoretischen Untersuchungen im Endziel durchaus praktische Zwecke, denn die richtige Definition sollte die Entscheidung aller Rechtsfragen ermöglichen. Als repräsentativster Vertreter dieser Art von Rechtswissenschaft gilt *Windscheid* (1817 bis 1892), der „die Methode der Begriffsanalyse, der Abstraktion, der logischen Systematisierung und der juristischen Konstruktion mit souveräner Meisterschaft" handhabte[4].

Auch Rudolf *v. Ihering* (1818—1892) war in der ersten Periode seines Schaffens Begriffsjurist. Da er aber später eine grundlegend andere Auffassung vertrat, die ihn zum Vorläufer der Tübinger Schule wer-

---

[3] *Franzen*, S. 52; *Heck*, Handelsprivatrecht, S. 441; *Heck*, Schuldrecht, S. 474; *Müller-Erzbach*, Umbau, S. 7; *Rehbinder*, Begründung, S. 78; *Stoll*, Begriff, S. 68; *Esser*, StudGen 7 (1954), 373.
[1] *Heck*, Handelsprivatrecht, S. 440.
[2] *Binder*, ZHR 100 (1934), 18, spricht von „geschmacklosen begrifflichen Spielereien".
[3] *Puchta*, a.a.O.
[4] *Larenz*, Methodenlehre, S. 27; ähnlich auch *Müller-Erzbach*, Umbau, S. 5.

den ließ, ist es notwendig, seine Methodenlehre eingehender darzustellen.

4. Abschnitt

§ 5: Die Methodenlehren Iherings

Das juristische Lebenswerk *Iherings* ist durch eine tiefe Zäsur gekennzeichnet. In seiner ersten Periode, vor allem im „Geist des römischen Rechts" und im Einleitungsaufsatz von „Iherings Jahrbüchern" hat er die formale Begriffs- und Konstruktionsjurisprudenz *Puchtas* nicht nur bejaht, sondern „sogar auf die Spitze"[1] getrieben. Er war der Ansicht, daß die Rechtswissenschaft vor allem eine systematische Aufgabe habe. Diese Aufgabe bestand für ihn darin, „die einzelnen Rechtsinstitute und die auf sie bezüglichen Rechtssätze in ihre logischen Elemente zu zerlegen, diese rein für sich herauszudestillieren und alsdann aus ihnen durch Kombination sowohl die schon bekannten, wie auch neue Rechtssätze herzustellen"[2].

Im Jahre 1861 jedoch veröffentlichte *Ihering* in der „Preußischen Gerichtszeitung" den ersten seiner Briefe „über die heutige Jurisprudenz", ohne sich aber als Verfasser auszugeben. Diese Briefe sind von ihm im Jahre 1884 mit der Satire „Im juristischen Begriffshimmel" unter dem Titel „Scherz und Ernst in der Jurisprudenz" veröffentlicht worden. In ihnen gibt er der Methode den Namen „Begriffsjurisprudenz"[3]. Sie enthalten eine Verspottung der von ihm zuvor hochgepriesenen juristischen Konstruktion, deren Ergebnisse er an zahlreichen Beispielen als für die Praxis unbrauchbar und dem gesunden Menschenverstand widersprechend kennzeichnet. Ihering hatte eingesehen, daß es nicht möglich ist, mit den Grundbegriffen des Rechts wie mit den Axiomen der Mathematik zu arbeiten. Eine wissenschaftliche Neuorientierung bringt dann vor allem *Iherings* unvollendet gebliebenes Werk „Der Zweck im Recht", dessen erster Band 1877 erschien. Der Grundgedanke dieses Werkes besteht darin, daß nach seiner Ansicht „der Zweck Schöpfer des gesamten Rechts ist, daß es keinen Rechtssatz gibt, der nicht einem Zweck, das ist einem praktischen Motiv[4],

---

[1] *Larenz*, Methodenlehre, S. 23; *Ehrlich*, Logik, S. 254, spricht von der „nicht mehr zu überbietenden Iheringschen Fassung".
[2] *Larenz*, a.a.O.; ähnlich auch *Heck*, Schuldrecht, S. 475.
[3] Vgl. *Edelmann*, S. 27.
[4] Im Sinne *Edelmanns* Unterscheidung in „Weil-motive" und „Umzumotive" handelt es sich also hier um ein „Umzu-motiv". Vgl. z. B. S. 17 ff.

seinen Ursprung verdankt"⁵. Diese Methode Iherings kann man daher als rein teleologisch bezeichnen.

Mit dem Begriff des Zwecks meint er also die praktischen gesellschaftlichen Zwecke der einzelnen Rechtssätze, um derentwillen diese allein geschaffen, auf die hin sie daher nur zu verstehen seien. Um eine Rechtsnorm zu begreifen, bedürfe es daher nicht so sehr der logischen, als vielmehr der soziologischen Analyse. *Iherings* Erkenntnis, daß jeder Rechtssatz gerade auch in seiner sozialen Funktion gesehen werden müsse, wurde zum Ausgangspunkt der Tübinger Schule⁶. *Heck* bekennt selbst wiederholt, daß er die entscheidenden Anregungen für seine Methodenlehre *Ihering* verdanke⁷.

III. Kapitel

Die Lehre der Tübinger Schule

1. Abschnitt

§ 6: Die Vertreter der Tübinger Schule

Die Tübinger Schule wird repräsentiert durch die bereits erwähnten Professoren *Philipp Heck*¹, *Max von Rümelin*² und *Heinrich Stoll*³.

---

⁵ Bd. I, S. VIII.
⁶ Vgl. *Forsthoff*, ZgesStW 96 (1936), 62; *Würtenberger*, Hdwb. d. SozW. Bd. 5, S. 94; *Bartholomeyczik*, Gesetzesauslegung, S. 50 Anm. 14, spricht von *Ihering* als dem Vater der teleologischen Jurisprudenz; *Wesenberg*, Privatrechtsgeschichte, S. 167, nimmt auch Einfluß auf die Freirechtslehre an.
⁷ *Heck*, Handelsprivatrecht, S. 441; Begriffsbildung, S. 32.
¹ Geboren am 22. 7. 1858 in St. Petersburg; Studium in Leipzig, Heidelberg und Berlin; 1881 erste, 1886 zweite juristische Staatsprüfung; 1889 Promotion und Habilitation mit „Das Recht der großen Haverei" in Berlin; Privatdozent in Berlin; 1891 ord. Professor in Greifswald; 1892 ord. Professor in Halle, seit 1901 in Tübingen. Mitherausgeber des AcP. Gestorben am 28. Juni 1943.
² Max von Rümelin, geboren am 15. 2. 1861 als Sohn Gustav von Rümelins. Studium in Tübingen, Berlin und Leipzig. 1883 erste juristische Staatsprüfung. 1885 Habilitation, Privatdozent in Bonn. 1889 ao. Professor in Halle, seit 1893 ord. Professor, seit 1895 Tübingen. Dr. h. c. der Theolog. Fakultät. Seit 1908 Universitätskanzler. Mitherausgeber des AcP. Gestorben am 22. 7. 1932.
³ Heinrich Stoll, geboren am 4. 8. 1891. Studium in Berlin, Heidelberg, Freiburg, München. 1914 erstes, 1920 zweites juristisches Staatsexamen. 1921 Promotion in Bonn, 1923 Habilitation in Heidelberg. 1923 ao. Prof. in Tübingen. Mitherausgeber des AcP und der DJZ. Mitglied der Akademie für Deutsches Recht. Gestorben am 19. 6. 1937.

Rudolf *Müller-Erzbach* (1874—1959), den *Wieacker* zur Tübinger Schule rechnet[4], kann zwar als Vertreter der Interessenjurisprudenz angesehen werden[5], er gehört jedoch weder seiner Methode noch der örtlichen Herkunft nach zur Tübinger Schule. *Müller-Erzbach* hat in seinem Spätwerk[6] die Methode des „Kausalen Rechtsdenkens" vertreten[7], als deren Schöpfer er gilt[8]. Das „Kausale Rechtsdenken" wird als eine Weiterentwicklung der Tübinger Schule angesehen[9]. Im übrigen hat er auch nicht an der Tübinger Universität gelehrt. Auch Paul *Oertmann*, den *Rehbinder* zur Tübinger Schule rechnet[10], hat nie in Tübingen gelehrt. Daß außerdem seine Ansichten zum Teil von denen der Tübinger Schule abweichen, ergibt sich aus der Auseinandersetzung, die zwischen ihm[11] und *Heck*[12] geführt wurde.

Der in der Tübinger Festschrift aus dem Jahre 1931 weiter erwähnte Repräsentant der Tübinger Schule, Arthur Benno *Schmidt*, hat methodische Schriften nicht veröffentlicht.

Zwar lehrten auch *Hegler* und *Triepel* an der Tübinger Universität, sie sind auch in vielem den Ansichten der Tübinger Schule gefolgt[13], dennoch hat sie *Heck* nur mit Vorbehalten als Vertreter der Interessenjurisprudenz bezeichnet[14], so daß ihr Werk hier unberücksichtigt bleiben soll. Außerdem hat *Hegler* auf dem Gebiete des Strafrechts, *Triepel* im öffentlichen Recht gearbeitet, während die Tübinger Schule eine Methodenlehre des Privatrechts gegeben hat.

---

[4] *Wieacker*, Privatrechtsgeschichte, S. 341.

[5] *Larenz*, Methodenlehre, S. 48; *Oertmann*, Interesse, S. 3; *Seidl*, NJW 1959, 568; *Kantorowicz*, Rechtswissenschaft und Soziologie, S. 17; W. G. Bekker, ARSP 40, 231, der jedoch die Unterscheidung macht, daß *Heck* den Zweig der Interessenjurisprudenz vertrete, der die Rechtsanwendung betrachte, *Müller-Erzbach* dagegen den Zweig, der sich mehr der Betrachtung des Rechts im objektiven Sinne zuwendet.

[6] z. B. Umbau, S. 15.

[7] *Bartholomeyczik*, Gesetzesauslegung, S. 49 Anm. 14; *Rehbinder*, KZfSS 1964, 533; *Seidl*, a.a.O.

[8] *Löhlein*, NJW 1959, 1624. Dazu näher *Knauthe*, Kausales Rechtsdenken.

[9] *Hubmann*, AcP 155, 91; *Coing*, JZ 1951, 483.

[10] *Rehbinder*, a.a.O.

[11] *Oertmann*, Interesse, S. 9, 20, 34, 40, 47, 67, 74.

[12] *Heck*, Begriffsbildung, z. B. S. 1, 8, 11 ff.

[13] Vgl. z. B. *Hegler*, ZgesStrW 36 (1915), 21 Anm. 4, wo er allerdings die Bezeichnung „Interessenjurisprudenz" für zu eng hält.

[14] *Heck*, Begriffsbildung, S. 6 f. und 11.

2. Abschnitt

§ 7: Die genetische Interessentheorie

1. Der Begriff des Interesses

Im Gegensatz zur Ansicht der Begriffsjurisprudenz, daß die Begriffe für das Recht kausal seien, war die Tübinger Schule der Meinung, alle Gesetzesgebote seien Interessenprodukte[1]. Die Gesetze seien die „Resultanten oder Kraftdiagonalen der in jeder Rechtsgemeinschaft einander gegenübertretenden und um Anerkennung ringenden Interessen"[2]. In dieser Erkenntnis eines immer vorhandenen Interessenkonfliktes besteht der Kern der Interessenjurisprudenz. Demgemäß tritt für die Tübinger Schule der Gesetzgeber als Person hinter die gesellschaftlichen Kräfte, die Interessen genannt werden, zurück, die sich mittels seiner im Gesetz zur Geltung bringen. Das Schwergewicht wird von der persönlichen Entscheidung des Gesetzgebers und von seinem psychologisch verstandenen Willen zunächst auf seine Motive und weiterhin auf die ihn motivierenden „Kausalfaktoren" verlagert. Folgt man der von *Edelmann*[3] getroffenen Unterscheidung in „Weil-Motive" und „Umzu-Motive", so handelt es sich hierbei im Gegensatz zu der „Zweckjurisprudenz" *Iherings*[4] um „Weil-Motive". Die Tübinger Schule ist also eher „Kausales Rechtsdenken" als teleologische Jurisprudenz[5]. Der Gesetzgeber erscheint so als Transformator, er ist die „zusammenfassende Bezeichnung für die kausalen Interessen"[6]. Die Auffassung, daß für die Rechtsnormen jeweils bestimmte Interessen kausal seien, bezeichnet *Heck* als „*genetische Interessentheorie*"[7], wobei er an einen tatsächlichen Ursachenzusammenhang denkt[8]. Er sieht

---

[1] *Heck*, Gesetzesauslegung, S. 17. Vgl. auch *Würtenberger*, Hdwb. d. SozW., Bd. 5, S. 94.

[2] Auch *Rümelin*, Rechtsgefühl, S. 59, spricht von Diagonalen; desgleichen heute *Bartholomeyczik*, Gesetzesauslegung, S. 10.

[3] *Edelmann*, S. 17.

[4] Vgl. oben § 5.

[5] Das gilt jedenfalls bezüglich der Lehre, daß die Gesetzesgebote Interessenprodukte seien, also bezüglich der von *Edelmann*, S. 55, so genannten „ursprünglichen Jurisprudenz" im Gegensatz zur „abgeleiteten Jurisprudenz". Ursprüngliche Jurisprudenz liegt nach dieser Definition meist bei der Rechtsetzung, abgeleitet meist bei der Rechtsanwendung vor, vgl. a.a.O. S. 30 Anm. 124.

[6] *Heck*, Gesetzesauslegung, S. 64; *Stoll*, Begriff, S. 72.

[7] *Heck*, Begriffsbildung, S. 30, 73.

[8] So *Larenz*, Methodenlehre, S. 50. *Edelmann*, S. 32, nennt die genetische Interessentheorie „die Beschreibung der faktisch-regulären Rechts- und Begriffsbildung".

in den für die Rechtsbildung maßgeblichen Interessen Tatsachen und damit als solche wirkende Ursachen[9].

Edelmann[10] weist darauf hin, daß der Ausdruck „Interesse" zunächst von C. A. *Helvetius* verwendet wurde, später von *Bentham* und *Beneke*. Im Jahre 1850 erblickte *Lorenz von Stein*[11] die Aufgabe der Lehre von der Gesellschaft darin, ein „System der Interessen" zu entwerfen.

Der Begriff „Interesse" ist seit jeher unbestimmt[12]. Justizminister *Leonhardt* hielt bei der Beratung des § 193 StGB im Jahre 1870 dem Antrage *Laskers* auf Einfügung der Worte „oder zur Wahrnehmung berechtigter Interessen" entgegen: „Das sind vollständig unbestimmte, nicht prüfbare Begriffe ... Was sind Interessen[13]?" Heute sagt *Welzel*, die Bezeichnung „Interesse" sei auch sprachlich der ärgste Proteus und vermöge wie kein anderes Wort begrifflich über alles einen Schleier des Halbdunkels zu legen[14].

Auch die Tübinger Schule vertritt einen sehr unbestimmten, weil alles umfassenden Interessenbegriff. Nach ihr ist das Wort „Interesse" im weitesten Sinne zu verstehen[15], als jede „kulturelle Begehrungsdisposition", ohne Rücksicht auf die besondere Art des begehrten Objektes[16]. Damit sind also nicht nur materielle Interessen gemeint, wie einige Gegner der Tübinger Schule aus der Wahl des Wortes „Interesse" abzuleiten versuchten[17], sondern auch „ideale[18], nationale, religiöse, ethische Interessen"[19], private und Gemeinschaftsinteressen. Den-

---

[9] *Heck*, Rechtsgewinnung, S. 28. *Edelmann*, S. 54 Anm. 352, meint, daß sich die genetische Interessentheorie bis auf *Heraklit* zurückverfolgen lasse, nach dem der „Krieg der Vater aller Dinge" und demgemäß das Recht das Ergebnis des Zwistes sei.

[10] *Edelmann*, S. 53.

[11] *Stein*, Einleitung zur „Geschichte der soziologischen Bewegung in Frankreich von 1789 bis auf unsere Tage".

[12] *Hubmann*, AcP 155, 95; *Rehbinder*, Öffentliche Aufgabe, S. 22; *Franzen*, S. 60, nennt die Wahl des Wortes „Interesse" nicht sehr glücklich; *Isay*, AcP 137, 33 (37), nennt das Wort „farb- und inhaltslos".

[13] Stenographische Berichte 1870, Bd. 2, S. 649.

[14] *Welzel*, ZStrW 58, 509.

[15] So ausdrücklich *Stoll*, Begriff, S. 67 Anm. 1; *Heck*, Rechtsgewinnung, S. 29; *Müller-Erzbach*, Umbau, S. 13; *Bartholomeyczik*, Gesetzesauslegung, S. 49 Anm. 14; *Esser*, Nachwort, S. 221.

[16] *Heck*, Rechtsgewinnung, S. 27.

[17] *Brusiin*, Über das juristische Denken, S. 124 Anm. 54; *Larenz*, Methodenlehre, S. 51; *Oertmann*, Interesse, S. 34; *Forsthoff*, ZgesStW 97 (1937), 371; Vgl. dagegen *Stoll*, Bürgerl. Recht, S. 18; *Coing*, JZ 1951, 483; *Kreller*, ZAkDR 5 (1938), 625.

[18] *Heck*, Handelsprivatrecht, S. 439.

[19] *Heck*, Rechtsgewinnung, S. 27, 29; Gesetzesauslegung, S. 17; Schuldrecht, S. 472. Vgl. auch *Franzen*, S. 59; *Riezler*, S. 171.

noch ist die vielfach geäußerte Ansicht[20], daß sich in der genetischen Interessentheorie eine materialistische Weltanschauung ausdrücke, durchaus zutreffend. Das ergibt sich jedoch nicht aus dem Wort „Interesse", sondern zum einen aus der Tatsache, daß es sich auf dem Gebiete des Privatrechts vorwiegend um ökonomische Interessen handelt. Zum anderen ergibt sich dies, wie *Pawlowski*[21] zutreffend bemerkt, daraus, daß die genetische Interessentheorie die Wirklichkeit objektiviert hat. Demgemäß betont auch *Schönfeld*[22] und im Anschluß an ihn *Edelmann*[23], daß der „Wurzelboden für die Interessenjurisprudenz" in der Gedankenwelt des Positivismus[24] liege, „nämlich des Empirismus und Materialismus". Dies fassen *Schönfeld*[25] und *Larenz*[26] als Vorwurf auf. Der Vorwurf des Materialismus ist nicht zu verwechseln mit einer materiellen Einstellung im landläufigen Sinne. Wie es Aufgabe des Menschen ist, die Wirklichkeit zu erfassen, so ist es Sache der Rechtswissenschaft, insbesondere der Rechtsprechung, sich dem allgemeinen Wirklichkeitsbewußtsein anzupassen, sonst würden ihre Ergebnisse als ungerecht empfunden. Das Wirklichkeitsbewußtsein des heutigen Menschen wird aber entscheidend von den Naturwissenschaften und der Technik bestimmt. Insofern war der Ausgangspunkt der genetischen Interessentheorie richtig.

Den Begriff der idealen Interessen verwendet die Tübinger Schule vor allem als Maßstab der Interessenbewertung, ohne allerdings klar zwischen Bewertungsmaßstab und Bewertungsobjekt zu unterscheiden[27]. So meint *Stoll*[28], die allgemeinen, abstrakten Zweckideen, wie Rechtssicherheit, Billigkeit usw. seien „selbst nichts anderes als Interessen, nämlich ideelle Interessen, die der Gesetzgeber bei der Normbildung mitbewertet"[29]. Und ähnlich erklärt *Heck*, auch die Abwägung einander gegenüberstehender Interessen beruhe „auf dem Eingreifen

---

[20] Vgl. z. B. *Binder*, ZHR 100 (1934), 61; *Pawlowski*, NJW 1958, 1562; *Larenz*, Rechts- u. Staatsphilosophie, S. 23; *Oertmann*, Interesse, S. 34.

[21] *Pawlowski*, a.a.O.

[22] *Schönfeld*, Grundlegung, S. 515.

[23] *Edelmann*, S. 53.

[24] Hiermit kann nur der philosophische, nicht aber der juristische Positivismus gemeint sein; vgl. dazu *Herrfahrdt*, StudGen 7 (1954), S. 95 ff. Er unterscheidet „normativistischen Positivismus" (= philosophischen) und „wissenschaftlichen Positivismus" (= juristischen).

[25] *Schönfeld*, Grundlegung, S. 515 f.

[26] *Larenz*, Rechts- und Staatsphilosophie, S. 24.

[27] Vgl. *Edelmann*, S. 32; *Dnistrjanskyi*, AcP 141 (1935), 153, und *Forsthoff*, ZgesStW 97 (1937), 371, der zu Recht bemängelt, daß „aus Interesse gleich Interesse" zunächst „Interesse gleich Wert" und später „Interesse gleich Ordnung" wurde.

[28] *Stoll*, Begriff, S. 67 Anm. 1.

[29] *Stoll*, Begriff, S. 67 Anm. 1..

von Entscheidungsinteressen", nämlich „von tieferliegenden Gemeinschaftsinteressen, die das Werturteil bestimmen", sei also „auch wieder Interessenberücksichtigung"[30]. Als derartige Gemeinschaftsinteressen bezeichnet *Rümelin* z. B. das „Ordnungsinteresse, Staatsinteresse"[31], das „allgemeine Bestimmtheits- und Gleichheitsinteresse"[32], das „Freiheitsinteresse, das Rechtsbewährungsinteresse[33], Rechtsdauerinteresse[34], Beweissicherungsinteresse[35], Vertrauensschutzinteresse"[36].

2. Die Prinzipien der Interessenabwägung

Das „Interesse" ist also ebenso Bewertungsobjekt wie Bewertungsmaßstab, eine nicht nur terminologische Unklarheit, wie *Larenz* zutreffend hervorhebt[37].

Auch Schmidt-Rimpler[38] wendet sich mit Recht dagegen, daß das Wertungsprinzip „lediglich zu einem Interesseninhalt gemacht wird" und so nicht „in seiner qualitativen Verschiedenheit" gegenüber den Interessen der zu ordnenden Menschen oder Gemeinschaften oder auch des Staates genügend erkannt und von ihnen unterschieden wird. Da die Objekte nicht gleichzeitig Maßstäbe sein können, nennt die Tübinger Schule also in Wahrheit nicht den Maßstab, nach dem ihrer Ansicht nach der Gesetzgeber die Interessen mißt[39]. Jedoch könnte sich ein solcher Maßstab aus der genetischen Interessentheorie selbst ergeben. Als Maßstab wäre zunächst denkbar die Größe der Interessen, also ein quantitatives Maß, oder, um bei dem erwähnten Beispiel der Kraftdiagonale zu bleiben, die Länge der Seiten in einem Parallelogramm der Interessen. Je länger eine Seite im Verhältnis zur anderen wird, um so mehr wird sich die Diagonale dieser längeren Seite zuneigen.

---

[30] *Heck*, Gegner, S. 173 ff.
[31] *Rümelin*, Rechtssicherheit, S. 4.
[32] *Rümelin*, Rechtssicherheit, S. 9.
[33] *Rümelin*, Rechtssicherheit, S. 12.
[34] *Rümelin*, Rechtssicherheit, S. 12.
[35] *Rümelin*, Rechtssicherheit, S. 13.
[36] *Rümelin*, Rechtssicherheit, S. 17.
[37] *Larenz*, Methodenlehre, S. 52. Gegen diese weite Ausdehnung des Interessenbegriffs auch *Müller-Erzbach*, Umbau, S. 13, und *Hegler*, ZStrW 36 (1915), S. 21 Anm. 2a. Auch *Isay*, AcP 137, 33 (45), führt richtig aus, daß der Tübinger Schule „die Unterscheidung zwischen einem Wert und einem Wertträger", wie er das Interesse in Anlehnung an *Scheler*, Formalismus in der Ethik, S. 9, 12, nennt, fehlt, ebenso wie „die Unterscheidung zwischen einem Wert und einem Gut".
[38] *Schmidt-Rimpler*, AcP 151, 489 f.
[39] Vgl. *Hubmann*, AcP 155, 90.

Dies veranschaulicht folgendes Schaubild:

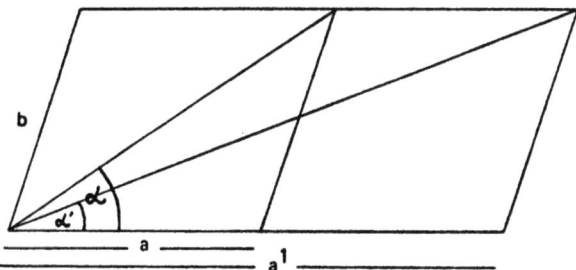

Je länger a wird, desto kleiner wird der Winkel zwischen a und der Diagonale, oder: je größer das Interesse a wird, desto mehr entspricht ihm das Gesetz. Die Größe des Interesses hängt von der Macht der es vertretenden Interessenten ab, denn die Interessen werden durch die verschiedenen Interessenverbände, die sogenannte Lobby, dem Gesetzgeber vorgetragen und beeinflussen entsprechend ihrer Macht die Gesetzgebung[40]. Dabei sah *Heck* als typisch die parlamentarische Entstehung eines Gesetzes an, bei der sich die verschiedenen Interessengruppen gegenüberstehen[41]. Dieses Prinzip der Interessenabwägung könnte man als „Interessenvergleichung"[42] oder Prinzip der Interessenquantität bezeichnen.

Die Tübinger Schule hat jedoch nicht erklärt, welches Interesse vorzuziehen ist, hat also darauf verzichtet, „eine Rangordnung der Lebensgüter"[43] zu geben. Dieser Verzicht ist von vielen als Mangel angesehen worden. Eine Methodenlehre vermag jedoch den Juristen ebensowenig, „wie der Kompaß dem Schiffer das Ziel der Fahrt angeben kann"[44], darüber aufzuklären, welche Interessen schwerer, welche leichter wiegen.

Als ein anderer Maßstab wäre denkbar die Qualität der Interessen. Da nach *Heck*[45] die Interessen „Güterbegehrungen" sind, die sich auf

---

[40] *Rümelin*, Rechtsgefühl, S. 77; Billigkeit, S. 81. Vgl. auch *Frey*, Rechtsbegriff, S. 18.
[41] Vgl. dazu *Coing*, JZ 1951, 483.
[42] *Kantorowicz*, Rechtswissenschaft und Soziologie, S. 19.
[43] *Heck*, Interessenjurisprudenz, S. 7. In AcP 136 (1932), 236, lehnt *Heck* ausdrücklich „die Aufstellung einer allgemeinen Rangordnung der Werte, ein festes System", ab. Die Rechtswissenschaft könne ein solches System nicht verwenden.
[44] *Kreller*, ZAkDR 5 (1938), 626. Demgegenüber ist *Isay*, AcP 137, 33 (39), der Ansicht, daß eine Methode eine „Anweisung geben" müßte, „nach welchen Gesichtspunkten" der Gesetzgeber und der Richter zu werten haben, „und dann, nach welchen Maßstäben er die so gewerteten Interessen gegeneinander abzuwägen hat".
[45] *Heck*, Schuldrecht, S. 473 Anm. 1.

Werte richten[46], bedeutet Interessenabwägung anhand der Qualität eine Abwägung der erstrebten Wertmanifestationen selbst, die man auch kurz „Güter" nennen kann. Bei einer Abwägung der Güter scheint jedoch das Bild der Kraftdiagonale zu versagen und damit die gesamte genetische Interessentheorie. Werden nämlich kollidierende Güter gegeneinander abgewogen, so bedarf es dazu, um das eine Gut dem anderen vorziehen zu können, eines tertium comparationis, eines Wertmaßstabes, der beiden Gütern gemeinsam ist. Dies dürfte wohl auch *Stoll* erkannt haben, denn seine Auffassung über den Interessenbegriff ist eine andere als die *Hecks*, für den das Interesse ein reiner „Kausalfaktor" ist. Für Stoll bedeutet das Interesse den Gegenstand, auf den sich die vom Gesetzgeber vorgenommene Wertung bezieht[47]. Nach seiner Ansicht enthält jeder Rechtssatz mittelbar ein Werturteil über die ihm zugrunde liegenden Interessengegensätze. Die „Begehrungsvorstellungen des Gesetzgebers" seien für den Inhalt der Rechtssätze entscheidend[48]. Insoweit gleichen sich die Vorstellungen *Stolls* mit denen *Rümelins*, für den das Recht auf Wertung von Interessen beruht[49].

Als eine im philosophischen[50] oder normativistischen[51] Sinne positivistische Methodenlehre vermied die Tübinger Schule jedoch absolute Rechtswerturteile materialer Natur.

Bezüglich des Maßstabes der Interessenabwägung soll hier als Ergebnis nur soviel festgehalten werden, daß die Interessenabwägung nach der Quantität der beteiligten Interessen anscheinend besser mit der genetischen Interessentheorie übereinstimmt als die Abwägung nach der Qualität. Ob die genetische Interessentheorie hierbei gänzlich versagt, ist erst aufgrund neuerer rechtssoziologischer Untersuchungen zu beantworten. Diese Frage wird daher an anderer Stelle[52] erörtert werden.

---

[46] Vgl. die ähnliche Definition *Rehbinders*, Öffentliche Aufgabe, S. 62, der aber zu Recht erklärt, daß man den Begriff „Wert" nicht mit dem Objekt der Wertung identifizieren kann, wie es *Heck* tut.

[47] Daher bevorzugt *Stoll*, Begriff, S. 67 Anm. 1, auch die Bezeichnung „Wertungsjurisprudenz".

[48] *Stoll*, Begriff, S. 67.

[49] *Rümelin*, Rechtsgefühl, S. 43; Wandlungen, S. 36.

[50] Vgl. *Herrfahrdt*, StudGen 7 (1954), 86 ff. und *Kelsen*, JZ 1965, 465. Heck selbst ist der Ansicht, Gesetzesauslegung, S. 313, daß die Interessenjurisprudenz nicht auf der „Übertragung irgendeiner philosophischen Errungenschaft auf das Gebiet der Rechtswissenschaft" beruht.

[51] Vgl. *Neuy*, StudGen 7 (1954), 95.

[52] Siehe unten § 19.

3. Abschnitt

§ 8: Die Gesetzesauslegung

Der Kern des Methodenstreits betrifft für die Tübinger Schule „die Einwirkung des Rechts auf das Leben, wie sie durch die richterliche Fallentscheidung vermittelt wird"[1]. Das Problem der richterlichen Fallentscheidung untersucht *Heck* in einer längeren Abhandlung „Gesetzesauslegung und Interessenjurisprudenz"[2]. Die Tübinger Schule geht von der oben in § 3 beschriebenen Methode der Rechtsanwendung aus, denn sie kennt ebenfalls eine Subsumtion[3], wenn auch keine begrifflich logische, sondern — wie gezeigt werden wird — eine interessenvergleichend teleologische[4].

Heck ist der Ansicht, daß die Gewinnung der Rechtsnorm „regelmäßig zwei logisch verschiedene Elemente" umfasse, „die Erkenntnis der vorhandenen gesetzlichen Gebote und der legislativen Interessen und die Verarbeitung der Erkenntnis zur Bildung des für die Entscheidung erforderlichen Gebots"[5].

Die „Erkenntnis der vorhandenen gesetzlichen Gebote und der legislativen Interessen" kann nach der Tübinger Schule nur *historisch* erfolgen[6]. Für die Anwendung der historischen Interessenforschung, die mit dem Gegensatz der Tübinger Schule zur Begriffsjurisprudenz an sich nichts zu tun hat[7], spreche die Erwägung, „daß alle diejenigen Gemeinschaftsinteressen, welche für das Gesetz kausal geworden sind, die durch das Gesetz geschützt werden sollen, am sichersten durch diese Form der Auslegung gewährt werden"[8].

Da die Rechtsgebote normalerweise auf einer Abwägung „angeschauter" Interessen beruhten, müsse der Richter zu erkennen suchen,

---

[1] *Heck*, Begriffsbildung, S. 2.
[2] AcP 112 (1914), S. 1—313. Jetzt Neudruck in: Studien und Texte zur Theorie und Methodologie des Rechts, Band 2, 1968.
[3] *Ehrlich*, Logik, S. 127, nennt diese Subsumtion als den Ländern des aufgenommenen römischen Rechts eigentümlich. Vgl. dazu auch *Brusiin*, S. 114.
[4] Vgl. *Esser*, StudGen 7 (1954), 373, und *Binder*, ZHR 100 (1934), 17, der erklärt, daß „diese conclusio nicht in das Gebiet des formalen, sondern des ‚emotionalen' Denkens fällt". Wenn *Stoll*, Begriff, S. 90, das formallogische Subsumtionsverfahren in gewissen Fällen für unentbehrlich hält, so ist das nur ein scheinbarer Widerspruch, denn seiner Ansicht nach sind die Begriffe der abgekürzte Ausdruck für bestimmte Interessenlagen und deren Wertungen. Insoweit übereinstimmend *Oertmann*, Gesetzeszwang, S. 24 f., wenn er auch nicht von Interessen spricht. Vgl. auch *Esser*, StudGen 12 (1959), 100.
[5] *Heck*, Gesetzesauslegung, S. 90; *Rümelin*, Rechtsgefühl, S. 53 f.
[6] *Rümelin*, Rechtssicherheit, S. 60; Gewohnheitsrecht, S. 53. Vgl. dazu auch *Esser*, Nachwort, S. 221.
[7] *Stoll*, Begriff, S. 71.
[8] *Heck*, Gesetzesauslegung, S. 59.

„welche Interessenkonflikte bei Erlaß des betreffenden Gebots angeschaut waren und welche etwa eingreifenden Interessen die in dem Rechtsgebote vorliegende Abwägung bewirkt haben"[9]. In diesem Gebot der Interessenforschung ist die Hauptforderung der Tübinger Schule an die Rechtswissenschaft zu sehen.

Die historische Gesetzesauslegung weist infolge heuristischer Mängel einen erheblichen Unsicherheitsfaktor auf, den *Heck* auch selbst erkannt hat[10]. Die kritische Forschung dürfte oft zu dem Ergebnis führen, daß die Interessenwertung nicht erkannt werden kann oder daß mehrere Deutungen möglich sind. Die heuristischen Mängel erklären sich daraus, daß bei den legislativen Kollektiverklärungen nicht nur an die Stelle des psychologisch einheitlichen Willensvorganges eine große Zahl von „Teilakten" tritt, sondern daß auch die Bildung der Teilwillen an Intensität einbüßt. Die Begründungen von Gesetzesvorlagen oder Änderungsanträgen rühren daher nur von einzelnen her, und es bleibt oft ungewiß, wie weit die in den Begründungen wiedergegebenen Vorstellungen in das Bewußtsein der schweigenden Mitglieder der Gesetzgebungskörperschaft gedrungen sind[11]. Für die Beseitigung dieser dadurch entstehenden Unsicherheit stellt *Heck* die Maxime der Chancenbewertung auf. Auch die bloße Wahrscheinlichkeit verdiene Beachtung[12]. Die historische Erkenntnis des Gesetzesinhalts ist nach Ansicht der Tübinger Schule bei der richterlichen Fallentscheidung wie bei der vorbereitenden Arbeit der Wissenschaft eng verbunden mit einer Gebotsbildung, weil der Obersatz, die Rechtsnorm, in der Regel nicht in der angewandten Form im Gesetz vorhanden ist, sondern erst zu gewinnen ist[13]. Die Möglichkeit einer einfachen Subsumtion des Sachverhalts unter eine im Gesetz vorhandene Norm ist im Zivilrecht sehr selten. In der Regel ist eine Verarbeitung notwendig, die von *Heck* als emotionale „wertende Gebotsbildung" bezeichnet wird. Die Fälle, in denen es zu einer Gebotsbildung kommt, werden *Lücken* genannt.

Die sogenannte Lückenlehre war in der damaligen Zeit noch umstritten. In ihr lag ein Hauptunterschiedsmerkmal zur Begriffsjuris-

---

[9] *Heck*, Gesetzesauslegung, S. 94; *Stoll*, Begriff, S. 69, spricht von Erforschung der „Interessenwertung".

[10] *Heck*, Gesetzesauslegung, S. 91; Rechtsgewinnung, S. 33. Vgl. dazu auch *Kantorowicz*, Rechtswissenschaft und Soziologie, S. 18, und *Zweigert*, StudGen 7 (1954), 382, der diese „ans Unmögliche grenzende Schwierigkeit" als ein Argument gegen die historische Auslegung anführt.

[11] Vgl. dazu *Zweigert*, StudGen 7 (1954), 382.

[12] Ähnlich auch *Müller-Erzbach*, Umbau, S. 71.

[13] *Heck*, Gesetzesauslegung, S. 99. *Zweigert*, StudGen 7 (1954), 381, nennt diese Gebotsbildung „Normeninterpretation".

§ 8: Die Gesetzesauslegung

prudenz[14]. Die Tübinger Schule war der Ansicht, daß es eine geschlossene Rechtsordnung nicht gebe[15].

Die Tübinger Schule gebraucht das Wort „Lücke" in einem weiteren und einem engeren Sinn[16]. In dem weiteren Sinn soll es alle Fälle der wertenden Gebotsbildung bezeichnen, also diejenigen Fälle, in denen der Richter Rechtsschutz gewähren soll, obgleich die Subsumtion des Sachverhalts unter den Tatbestand einer kognitiv gewinnbaren, primären oder auch ergänzten Norm nicht möglich ist, weil es an einer deckenden Norm fehlt. In einem engeren Sinn soll die Bezeichnung sich auf denjenigen Teil der Fälle beschränken, für die der Gesetzgeber die wertende Gebotsbildung weder besonders angeordnet noch als selbstverständlich vorausgesehen hat. Die Lücken im engeren Sinn sind also die ungewollten Lücken, während Lücken im weiteren Sinn die eigentlichen Delegationsfälle und Blankette sind.

Heck stellt verschiedene Gruppierungen von Lücken auf[17]. So können die Lücken primäre, schon mit der Entstehung des Gesetzes gegebene, sein. Sie können aber auch „sekundär" entstehen dadurch, daß die Verhältnisse sich im Laufe der Zeit ändern.

Die primären Lücken beruhen meistens auf Anschauungslücken, da die Fülle des Lebens sich nicht übersehen lasse, vor allem aber die begriffliche Redaktion des Gesetzes sehr schwierig sei. Die Mehrdeutigkeit der verwendbaren Worte habe notwendig eine Unbestimmtheit der Gesetzesgebote zur Folge. Ein sicherer Bedeutungskern sei von einem allmählich verschwindenden Bedeutungshof umgeben. Diese Unbestimmtheit verhindere schon für den Gesetzgeber die Bildung von Gebotsvorstellungen, welche für alle Anwendungsfälle bestimmte Ergebnisse liefern.

Die sekundären Lücken ergeben sich daraus, daß die Gesetze in der Regel Dauerformen des Gebotswillens sind, während die Verhältnisse, unter denen sie wirksam werden, dem Wechsel unterliegen[18]. Welche Regelung den Gemeinschaftsinteressen bei veränderten Verhältnissen angemessen sei, könne ohne Anschauung dieser Verhältnisse gar nicht bestimmt werden. Zu den Lebensverhältnissen, deren Wechsel von Bedeutung sei, gehörten „nicht nur die Vorgänge der äußeren Erscheinungswelt, Änderungen der Technik und der sozialen Organisation,

---

[14] *Rümelin*, Rechtsgefühl, S. 2; *Binder*, ZHR 100 (1934), 25.
[15] Mit ihr die damalige herrschende Meinung: vgl. *Baumgarten*, Grundzüge, S. 56; *Rümelin*, Billigkeit, S. 46.
[16] *Heck*, Gesetzesauslegung, S. 161. Vgl. dazu auch *Reinicke*, MDR 57, 193, und *Esser*, Nachwort, S. 222.
[17] *Heck*, Gesetzesauslegung, S. 168 ff. Vgl. dazu auch *Esser*, Nachwort, S. 222.
[18] *Heck*, Handelsprivatrecht, S. 440.

sondern auch Änderungen derjenigen gesellschaftlichen Anschauungen und derjenigen Wertideen der Gemeinschaft, mit denen der Gesetzgeber gerechnet" habe[19].

Aufgrund der Veränderung dieser Elemente entstehe das Bedürfnis nach einer zeitlichen Anpassung der Rechtsnormen durch den Richter. Dem stehe jedoch das Bedürfnis der Stabilität gegenüber. Die Rechtsordnung sei auch eine Friedensordnung der Interessenten[20]. Ändere man sie, so entstehe auch neuer Streit. Die Tübinger Schule ist daher grundsätzlich gegen eine richterliche Gebotsfortbildung in den Fällen, in denen ein „Stabilitätsinteresse"[21] dem entgegensteht.

Trotz dieser grundsätzlichen Auffassung der Tübinger Schule, daß der Richter das Gebot zwar ergänzen, aber nicht berichtigen dürfe, hat *Heck* den Leitsatz aufgestellt, daß der Richter in gewissen Fällen das Recht und die Pflicht habe, „die sprachlich und logisch mögliche Subsumtion abzulehnen"[22]. Sein Vorgehen falle dann unter die Kategorie der wertenden Gebotsbildung. Die richterliche Gebotsbildung erstrecke sich sowohl auf die Ergänzung fehlender Einzelgebote als auch auf die Ausfüllung echter Tatbestandslücken[23]. Die Feststellung der Lücken beruhe darauf, daß die vorhandenen Gebote auf ihre Zulänglichkeit zum Schutz der anerkannten Gemeinschaftsinteressen geprüft würden. Diese Beurteilung könne zu dem Ergebnis führen, daß schutzwürdige Interessen durch kein historisch nachweisbares Gebot geschützt seien[24]. Ebenso gebe es Fälle, in denen ein historisch erkennbares Gebot solche Interessen verletze[25]. Beide Lückengruppen beruhten in der Regel auf Anschauungslücken.

Es gebe außer den bereits erwähnten Stabilitätsinteressen jedoch andere Schranken für die Gebotsberichtigung. *Heck* macht daher eine Unterscheidung innerhalb des Gebotsinhalts[26]. Bei der Gebotsvorstellung des Gesetzgebers könne — wie oben kurz erwähnt — ein *Kern*, der im Mittelpunkt der Aufmerksamkeit gestanden habe, und ein *Hof*,

---

[19] *Heck*, Gesetzesauslegung, S. 179. Vgl. auch *Reinicke*, MDR 1957, 193, 194.

[20] *Stoll*, Begriff, S. 64, spricht von einer „sozialen Friedenssatzung".

[21] *Rümelin*, Rechtssicherheit, S. 12, empfiehlt „als wenigstens halb deutschen Ausdruck" dafür das Wort „Rechtsdauerinteresse", benutzt aber in Gewohnheitsrecht, S. 32, und Wandlungen, S. 15, 38, den Ausdruck „Kontinuitätsinteresse".

[22] *Heck*, Gesetzesauslegung, S. 201. Daran denkt wohl *Brüggemann*, JR 1963, 162, wenn er erklärt, daß „die Entbindung des Richters zu freier Rechtsschöpfung in der Korrektur des Gesetzes" auch von den Vertretern der Interessenjurisprudenz proklamiert wurde.

[23] *Heck*, Gesetzesauslegung, S. 204.

[24] *Heck*, Gesetzesauslegung, S. 204.

[25] Vgl. *Reinicke*, MDR 1957, 193.

[26] *Heck*, Gesetzesauslegung, S. 206.

§ 8: Die Gesetzesauslegung

ein Rand, unterschieden werden, der Elemente enthalte, die mit geringerer Intensität aufgefaßt worden seien. Die zulässige Gebotsberichtigung sei fast immer nur eine Randberichtigung[27]. Nur in ganz seltenen Ausnahmefällen, bei ganz groben legislativen Fehlern dürfe der Kern berichtigt werden.

Bei der Prüfung der Frage, wie die oben erwähnten Lücken ergänzt werden sollen, stellt *Heck* den Leitsatz auf, daß der Richter zwar nicht auf die Berücksichtigung der Interessen beschränkt sei, die durch eine bestimmte Gesetzesnorm für schutzwürdig erklärt werden, daß er aber bei der Abwägung an die im Gesetze, wenn auch natürlich in nicht unmittelbar anwendbaren Vorschriften enthaltenen *Werturteile* gebunden sei[28]. Die Tübinger Schule lehnt sich dabei an Art. 1 Schw. ZGB an und ist der Ansicht, daß sich dasselbe Prinzip auch für das deutsche Recht aus der freien Stellung, die das BGB dem Richter einräumt, ergebe[29]. Die Bindung an die im Gesetz enthaltenen Werturteile werde durch die historische Interessenforschung ermöglicht[30]. Dieser zweite Teil des Leitsatzes wird damit begründet, daß der Gesetzgeber durch seine Gebote bestimmte Interessen in der von ihm festgelegten Rangordnung schützen wolle, und zwar auch dann, wenn er den zu entscheidenden Interessenkonflikt nicht angeschaut habe. Dies wird von Heck als die „produktive Interessentheorie" bezeichnet. Nur dann, wenn gesetzliche Werturteile fehlten, könnten „die in der Rechtsgemeinschaft herrschenden Werturteile[31] und das eigene Werturteil des Richters, die *Eigen*wertung"[32] in Betracht kommen. Dabei spiele naturgemäß das sogenannte *Rechtsgefühl*[33] des Richters eine große Rolle. Die Tübinger Schule hält es daher für zulässig, von einer Befugnis des

---

[27] *Stoll*, Begriff, S. 73.
[28] *Heck*, Gesetzesauslegung, S. 226; Rechtsgewinnung, S. 30; Leugnung, S. 53; *Rümelin*, Gewohnheitsrecht, S. 52 („Die Gebundenheit des Richters an die Wertungen des Gesetzes kann nicht scharf und klar genug hervorgehoben werden"); *Stoll*, Begriff, S. 68, 73 („Die Lückenergänzung erfolgt unter der Fernwirkung der gesetzlichen Werturteile"). Vgl. dazu auch *Esser*, StudGen 12 (1959), 97, 99, 100; *Reinicke*, MDR 1957, 193.
[29] *Rümelin*, Billigkeit, S. 61; Wandlungen, S. 51. Vgl. auch *Kreller*, ZAkDR 5 (1938), 625.
[30] *Heck*, Gesetzesauslegung, S. 230.
[31] *Stoll*, Begriff, S. 74. Insoweit mit der Tübinger Schule übereinstimmend *Oertmann*, Gesetzeszwang, S. 22.
[32] *Heck*, Gesetzesauslegung, S. 238; Rechtsgewinnung, S. 30; Interessenjurisprudenz, S. 20 ff.; Rechtserneuerung, S. 12; Leugnung, S. 62; *Stoll*, Begriff, S. 68, 74; *Rümelin*, Rechtsgefühl, S. 59, 77 Anm. 1; *Bülow*, S. 25; *Reinicke*, MDR 1957, 193.
[33] *Heck*, Gesetzesauslegung, S. 102, 245 f.; *Stoll*, Begriff, S. 73 f.; *Rümelin*, Rechtsgefühl, S. 43; Wandlungen, S. 36; Rechtsbegriff, S. 43. Insoweit mit der Tübinger Schule übereinstimmend *Oertmann*, Interesse, S. 6. Gegen den Gebrauch des Rechtsgefühls *Müller-Erzbach*, Umbau, S. 39. Vgl. dazu auch *Esser*, StudGen 12 (1959), 97, 100.

Richters zur Schaffung von Rechtssätzen zu reden[34] (sogenannte richterliche Rechtsschöpfung).

4. Abschnitt

§ 9: Begriffs- und Systembildung

In seinen ersten Schriften zur Interessenjurisprudenz befaßt sich *Heck* kaum mit den Problemen der Begriffs- und Systembildung[1], wahrscheinlich aufgrund der Tatsache, daß er in ihnen das perfekte System der Begriffsjurisprudenz angreift. Erst im Jahre 1932 erscheint seine Schrift „Begriffsbildung und Interessenjurisprudenz", in der er versucht, im Anschluß an *Stolls* 1931 erschienene Abhandlung, „Begriff und Konstruktion in der Lehre der Interessenjurisprudenz"[2], Fragen der Begriffs- und Systembildung zu klären, wobei er gleichzeitig zur Kritik *Oertmanns*[3] an der angeblichen Vernachlässigung der Begriffsbildung in der Tübinger Schule Stellung nimmt. Ausgehend von seiner Ansicht, daß die Rechtswissenschaft „eine Helferin des Gesetzes und der Verwirklichung seiner Ziele"[4] sei, vertritt er die Meinung, daß sie zwei Aufgaben habe, die der *Normgewinnung* und die der *Formung*[5].

Diese Aufgaben seien scharf voneinander zu scheiden[6]. Ihrer Lösung dienen zwei Betrachtungsweisen des Rechts, die zwei verschiedene Seiten des Rechts ergeben, die *Gebotsseite* und die *Interessenseite*[7].

Zur Gebotsseite des Rechts gehören die Gebots- und Sollvorstellungen, die Normen, also das objektive Recht. Dieses objektive Recht ist nicht unmittelbar sinnlich wahrnehmbar, sondern einer der willensbestimmenden Bewußtseinsinhalte, zu denen auch die Normen der Religion, Moral und Sitte gehören. *Heck* bezeichnet die auf den Gebotsinhalt gerichtete Forschung als strukturelle Betrachtung und vergleicht sie mit der Anatomie in der Medizin[8].

---

[34] *Heck*, Gesetzesauslegung, S. 250; *Stoll*, Begriff, S. 75. Vgl. dazu auch *Esser*, a.a.O.; *Reinicke*, a.a.O.

[1] Unter dem Begriff „System" ist eine Zusammenfassung von Rechtssätzen und Rechtsbegriffen zu einem einheitlich geordneten Ganzen zu verstehen, vgl. *Stoll*, Begriff, S. 77.

[2] Festgabe für *Philipp Heck, Max von Rümelin, Arthur Benno Schmidt*. Herausgegeben von *Heinrich Stoll*, Tübingen, 1931. S. 60—117.

[3] *Oertmann*, Begriff und Interesse in der Rechtswissenschaft, 1931.

[4] Ähnlich auch *Stoll*, Begriff, S. 87 und *Beling*, ARWP 15, 14.

[5] *Heck*, Begriffsbildung, S. 126. Im Anhang zu seinem Schuldrecht heißt es: Normgewinnung und Ordnung (S. 471).

[6] *Stoll*, Begriff, S. 77.

[7] Ähnlich auch *Stoll*, Begriff, S. 78 ff.

[8] *Esser*, Nachwort, S. 219, hält die Parallelen zur Medizin für sehr fragwürdig.

§ 9: Begriffs- und Systembildung 31

Die Interessenseite trete neben die Gebotsseite, wenn nach der Lebensbedeutung der Rechtsnormen gefragt werde. Die Wirkung des Rechts, seine Funktion, bestehe in der Sicherung der Lebensgüter, im Interessenschutz. Die Interessenforschung wird daher auch als funktionelle Betrachtungsweise bezeichnet[9]. Sie sei der Psychologie und Physiologie in der Medizin vergleichbar. Die zwei Betrachtungsweisen ergeben nach *Hecks* Ansicht zwei entsprechend verschiedene Begriffsreihen[10]. Die Strukturbetrachtung ergebe die Tatbestände, Rechtsfolgen usw., „ein äußeres System", die funktionelle Betrachtung andererseits „Interessenlagen, Interessenkonflikte, Werturteile, Wertideen", das innere System[11]. *Heck* versteht dabei unter dem inneren System „diejenigen Übereinstimmungen und Verschiedenheiten, die die Forschungsergebnisse ohne Rücksicht auf die Darstellung aufweisen", also den „sachlichen Zusammenhang zwischen den hervorgebrachten Gedanken"[12]. Dieses System entstehe automatisch durch den Inhalt der Forschungsergebnisse und nicht erst durch eine ordnende Tätigkeit. Man kann es auch als immanente Ordnung bezeichnen. Es wird gebildet durch die *„Interessenbegriffe"*. Diese Interessenbegriffe werden nicht als Rechtsbegriffe bezeichnet; das sind nur die „Gebotsbegriffe"[13]. *Heck* bezeichnet die Interessenbegriffe hingegen nach der Anregung *Spenglers*[14] als Kraft- oder Funktionsbegriffe[15]. Grundelement des Systems sei die einzelne Konfliktsentscheidung[16]. Die einzelnen Konfliktsentscheidungen ließen sich voneinander nicht isolieren, sondern bezögen sich auf Teile des Lebens, die durch vielfache Zusammenhänge und Übereinstimmungen miteinander verbunden seien. Man könnte also die einzelnen Grundelemente in Problemkomplexe zusammenfassen[17]. Damit sei die Möglichkeit gegeben, die vorhandenen sachlichen Beziehungen in der Form eines Begriffsgebäudes, eines Begriffssystems, zusammenzufassen, das also ein induktives System, nicht ein deduktives, wie bei der Begriffsjurisprudenz, sei[18].

Aufgrund der Stellung, die *Heck* dem inneren System einräumt, ist auch der Umfang und die Art der Voruntersuchungen und Vorwissen-

---

[9] Vgl. *Heck*, Schuldrecht, S. 2.
[10] Dagegen *Binder*, ZHR 100 (1934), 73 ff., nach dem „es von *einem* Gegenstand nur *einen* Begriff geben kann".
[11] *Heck*, Begriffsbildung, S. 142 ff.
[12] *Heck*, Begriffsbildung, S. 143.
[13] Auch *Stoll* spricht von Gebotsbegriffen, aber er ordnet sie der „Rechtsschöpfungsseite" zu, Begriff, S. 79.
[14] *Spengler*, Untergang des Abendlandes II, S. 97 f.
[15] *Heck*, § 817, S. 68.
[16] *Heck*, Begriffsbildung, S. 149.
[17] *Heck*, Begriffsbildung, S. 150.
[18] *Heck*, Begriffsbildung, S. 159.

schaften weiter und anders geartet als zur Zeit der Begriffsjurisprudenz. Der Gegensatz betrifft vor allem die Berücksichtigung der Lebensverhältnisse, der Interessenseite des Rechts. Interessenwertung sei ohne Kenntnis der zugrunde liegenden Lebensverhältnisse unmöglich[19]. Die Heranziehung der Interessenseite sei die wichtigste Forderung, welche die Interessenjurisprudenz an den Umfang der wissenschaftlichen Arbeit stelle[20]. Als Vorarbeit sei die Soziologie stets unentbehrlich[21].

5. Abschnitt

§ 10: Das Verhältnis zur Freirechtslehre

Neben der Tübinger Schule kämpfte die sogenannte Freirechtslehre gegen die Begriffsjurisprudenz; beide Lehren wurden zum Teil auch unter der gemeinsamen Bezeichnung „Freirechtsbewegung" genannt[1]. Die wichtigsten Autoren der Freirechtslehre waren *Kantorowicz* mit dem Pseudonym *Gnaeus Flavius*, *Stampe*[2] und *Ernst Fuchs* neben *Eugen Ehrlich*, der dieser Schule mit seiner Programmschrift „Freie Rechtsfindung und freie Rechtswissenschaft"[3] den Namen gab[4].

Nicht nur in der Kritik der Begriffsjurisprudenz, sondern auch in der Forderung nach einem lebensnäheren Recht war sich die Freirechtslehre mit der Interessenjurisprudenz einig. Beide Lehren werden daher positiv als „Reformbewegung"[5], negativ seit *Manigk*[6] als „juristischer Modernismus" bezeichnet. Die Forderung nach einem lebensnäheren Recht versuchten beide jedoch auf verschiedene Weise zu erfüllen[7].

---

[19] *Rümelin*, Wandlungen, S. 58.
[20] *Heck*, Begriffsbildung, S. 131, Interessenjurisprudenz, S. 27, 29.
[21] *Rümelin*, Gewohnheitsrecht, S. 67. Vgl. dazu *Esser*, Nachwort, S. 219.
[1] So *Ross*, Theorie, S. 184, der auch *Rümelin* und *Heck* zur Freirechtsbewegung zählt und *Reichel*, Gesetz und Richterspruch, S. 34 ff. Vgl. im allgemeinen zur Freirechtsbewegung: *Riebschläger*, Die Freirechtsbewegung, Berlin 1968.
[2] Diesen erwähnt *Heck* einmal, Rechtsgewinnung, S. 26, als Vertreter der Interessenjurisprudenz, nachdem er vorher, S. 25, erklärt hat, *Stampe* spreche dem Richter die Befugnis zur Gesetzesänderung zu!
[3] *Leipzig*, 1903. Nachdruck in: Ehrlich, Eugen, Recht und Leben. Gesammelte Schriften zur Rechtstatsachenforschung und zur Freirechtslehre, ausgewählt und eingeleitet von Manfred Rehbinder, Berlin 1967.
[4] *Danckert*, S. 59 Anm. 129; *Larenz*, Methodenlehre, S. 60; *Rehbinder*, Begründung, S. 77; *Rümelin*, Wandlungen, S. 41 Anm. 1.
[5] *Edelmann*. S. 85.
[6] *Manigk*, Savigny und der Modernismus im Recht, 1914.
[7] *Binder*, ZHR 100 (1934), 40 f. Anm. 36 und S. 52, sieht eine Übereinstimmung in den Ergebnissen und eine Abweichung in der Begründung.

§ 10: Das Verhältnis zur Freirechtslehre

Unter dem Namen „Freirecht" wurde Verschiedenartiges zusammengefaßt, wie bei dem vieldeutigen Wort „frei" nicht anders zu erwarten ist[8]. Der „schillernde Ausdruck"[9] paßt am ehesten auf diejenigen, die gegenüber jeder Art von abgeleiteter, rational vermittelter Fallentscheidung den Vorrang des Willens oder des Gefühls betonen[10]. Diesen Subjektivismus[11] bringt zuerst und am besten die 1906[12] erschienene Schrift von *Gnaeus Flavius* (H. U. Kantorowicz) „Der Kampf um die Rechtswissenschaft", die den „ersten publizistischen Höhepunkt"[13] der Freirechtslehre darstellte, zum Ausdruck. Neben dem staatlichen Recht stehe, gleichbedeutend mit ihm, das „freie Recht", das durch das rechtliche Urteil der Rechtsgenossen, durch die Rechtsprechung und durch die Rechtswissenschaft geschaffen werde. Es sei ein Erzeugnis des Willens.

Mit dieser Erkenntnis trete die Rechtswissenschaft in ihre voluntaristische Phase[14]. Der Wille, zu einer vorher gewissen Entscheidung zu gelangen, leite die Auswahl der jene Entscheidung begründenden Gesetzesstellen. Einige Vertreter der Freirechtslehre nahmen dabei als Ausgangspunkt die Theorie der objektiven Auslegung und beschränkten den Gesetzesinhalt auf „den klaren und unzweideutigen Wortlaut"[15]. Einige Autoren gingen immerhin so weit, daß sie annahmen, der Richter dürfe dem Gesetz den Gehorsam verweigern[16]. Diese Meinung kann jedoch keineswegs als repräsentativ für die ganze Lehre hingestellt werden, wie dies sehr häufig geschehen ist[17]. Jedenfalls haben *Kantorowicz*[18], *Ehrlich*[19] und *Fuchs*[20] die Befugnis zur Gesetzesänderung ausdrücklich abgelehnt. Die Beurteilung der Lehre der Freirechtsbewegung wird freilich dadurch erschwert, daß nicht nur die

---

[8] Vgl. *Rümelin*, Wandlungen, S. 41.
[9] *Larenz*, Methodenlehre, S. 60.
[10] *Larenz*, a.a.O.; *Wieacker*, Privatrechtsgeschichte, S. 343.
[11] *Rümelin*, Wandlungen, S. 45; *Binder*, ZHR 100 (1934), 55.
[12] Bemerkenswert erscheint, daß im selben Jahr 1906 Roscoe *Pound* dem Unbehagen der Amerikaner mit der dortigen Rechtspraxis Ausdruck verlieh in seiner berühmten Rede: „The Causes of Popular Dissatisfaction with the Administration of Justice."
[13] Vgl. *Brüggemann*, JR 1963, 162; *Dnistrjanskyi*, AcP 141 (1935), 140.
[14] *Gnaeus Flavius*, S. 20.
[15] So *Wüstendörfer*, AcP 110, 219; *Stampe*, DJZ 1905, 1016. Vgl. dazu *Heck*, Begriffsbildung, S. 10; *Rümelin*, Wandlungen, S. 43; *Edelmann*, S. 87.
[16] *Stampe*, DJZ 1905, 1017; *Reichel*, Gesetz und Richterspruch, S. 122. 152.
[17] Auch *Rümelin*, Wandlungen, S. 39, spricht von „gesetzesfeindlicher Stimmung"; vgl. auch *Binder*, ZHR 100 (1934), 37, 56. Das verurteilt *Rehbinder*, Begründung, S. 81 f., zu Recht als „Schlamperei".
[18] *Kantorowicz*, DRZ 3, 256.
[19] *Ehrlich*, Freie Rechtsfindung, S. 29. Vgl. dazu auch *Sinzheimer*, Jüdische Klassiker, S. 252.
[20] *Fuchs*, Juristischer Kulturkampf, S. 37 ff.

einzelnen Vertreter der „Schule" unter sich uneins waren, sondern vor allem ihre anfangs sehr kämpferisch und prononciert geäußerten Ansichten im Laufe der Zeit immer mehr abschwächten.

Ehrlich versteht so in seinem Spätwerk[21] unter „Freirecht" nicht Freiheit von rationalen Erwägungen, sondern lediglich die Freiheit von einer postulierten Bindung an formal-logisches Deduzieren aus vorgegebenen Rechtssätzen[22] und stimmt insofern völlig mit der Tübinger Schule überein, was *Heck*[23] auch selbst erkannt hat.

Das mag dazu geführt haben, daß die Tübinger Schule zu Unrecht als eine Abart der Freirechtslehre angesehen wurde, als eine nachträgliche Einschränkung dieser Richtung[24]. Auch die Ansicht *Hecks*, daß die Interessenjurisprudenz die ältere Richtung und die Freirechtslehre eine spätere abhängige Fortbildung sei[25], ist unzutreffend. *Heck* geht davon aus, daß die Abhängigkeit von *Stampe* herrühre, der zunächst als sein Fakultätskollege in Greifswald Anhänger der Interessenjurisprudenz gewesen, dann aber von ihr abgewichen sei. Er überschätzt dabei die Bedeutung *Stampes* für die Freirechtslehre, denn trotz gemeinsamer Ziele sind beide Lehren nur in der Weise miteinander verbunden, daß sie von der Zeitströmung des Individualismus[26], jedoch nicht voneinander beeinflußt sind, jedenfalls nicht in ihren bedeutendsten Vertretern.

Bei Abfassung seiner ersten interessenjuristischen Schriften, z. B. dem „Recht der großen Haverei", im Jahre 1889 kannte *Heck Ehrlich* noch nicht, der sich erst 1894 habilitierte[27]. Dem Czernowitzer Professor *Ehrlich* war bei seiner Wiener Rede im Jahre 1903 dagegen der Tübinger Professor *Heck* nicht, jedenfalls nicht als Vertreter einer neuen Methodenlehre, bekannt, denn die erste größere, zusammenfassende Abhandlung *Hecks*, die „Gesetzesauslegung", stammt aus dem Jahre 1914. Auch kleinere Aufsätze waren zuvor von *Heck* kaum erschienen. Auch *Kantorowicz* beruft sich in seiner Kampfschrift aus dem Jahre 1906 zwar auf *Ehrlich*[28], nicht aber auf *Heck*. Es ist daher zu-

---

[21] *Ehrlich*, Logik, S. 339.
[22] *Heck*, Begriffsbildung, S. 106; *Rehbinder*, Begründung, S. 80.
[23] *Heck*, a.a.O.
[24] H. *Reichel*, Gesetz und Richterspruch, S. 34 ff.; *Ross*, Theorie, S. 187 Anm. 11; *Lundstedt*, S. 26. Wohl auch *Binder*, ZHR 100 (1934), 52 f.
[25] *Heck*, Begriffsbildung, S. 10.
[26] Dazu kritisch *Binder*, ZHR 100 (1934), 64. *Hecks* Ansicht, er sei „nicht im Individualismus aufgewachsen, sondern in steter Anschauung völkischer Bedingtheit des Einzelnen und der Stärke der völkischen Gegensätze", ist zu einer Zeit geäußert worden, als jeder Individualismus verpönt war, vgl. AcP 142 (1936), 178.
[27] Vgl. *Rehbinder*, Begründung, S. 11.
[28] *Gnaeus Flavius*, S. 8 und 46.

treffend, wenn *Dnistrjanskyi*[29] ausführt, daß die Interessenjurisprudenz „nach der Zeit ihrer Entstehung älter, nach der Zeit ihrer Verbreitung in den weiten Juristenkreisen jünger" als die Freirechtslehre ist.

---

[29] *Dnistrjanskyi*, AcP 141 (1935), 142.

ZWEITER TEIL

Die Bedeutung der Tübinger Schule für die deutsche Rechtssoziologie

I. Kapitel

Die deutsche Rechtssoziologie

1. Abschnitt

§ 11: Die Soziologie als Wissenschaft

Um die Bedeutung der Tübinger Schule für die deutsche Rechtssoziologie zu erkennen, ist zuvor eine kurze Darstellung dessen, was man heute unter Rechtssoziologie versteht, notwendig.

Die Rechtssoziologie ist ein Spezialzweig der Soziologie, und zwar der Soziologie im engeren Sinn[1]. Unter Soziologie ist nicht schlechthin die „Gesamtheit der theoretischen Gesellschaftswissenschaft" zu verstehen, wie es z. B. *Ehrlich*[2] meint, sondern um seine Definition der besonderen Soziologie — von der im folgenden allein die Rede ist — zu verwenden: „Die Zusammenfassung des Inhalts aller theoretischen Gesellschaftswissenschaften zu einer Einheit, gewissermaßen in einen einheitlichen ‚allgemeinen Teil' der Gesellschaftswissenschaft[3]." Der Oberbegriff ist also „Gesellschaftswissenschaft" oder „Gesellschaftslehre"[4], während der Begriff der Soziologie einer bestimmten Hauptrichtung vorbehalten bleibt.

Die Soziologie ist eine der jüngsten Wissenschaften. Man kann sie auf Auguste *Comte* (1798—1857), den Begründer des wissenschaftlichen Positivismus[5], zurückführen, der ihr insbesondere auch den Namen

---

[1] Vgl. *Geiger*, Soziologie, S. 568, 571.
[2] *Ehrlich*, Grundlegung, S. 18. Vgl. dazu auch *Rehbinder*, Begründung, S. 73.
[3] *Ehrlich*, Grundlegung. S. 19.
[4] *Geiger*, Soziologie, S. 569.
[5] Vgl. *Binder*, ZHR 100 (1934), 45; *Edelmann*, S. 64.

gegeben hat⁶. Seine „Cours de philosophie positive", die im Jahre 1842 erschienen, sind als das erste Werk zu bezeichnen, welches Soziologie im modernen Sinne zum Gegenstand hat[7].

Die empirische Soziologie ist eine allgemeine Lehre von den Vergesellschaftungserscheinungen. Ihre Forschungsabsicht ist auf Erkenntnis der sozialen Tatsachenwelt gerichtet, d. h. sie ist Theorie, nicht Pragmatik, sie handelt von Real- und nicht Idealbegriffen, sie ist Empirie und nichts als Empirie, keinesfalls Spekulation[8]. Der eigentliche Gegenstand der Soziologie ist das von den konkreten Erscheinungen des menschlichen Lebens abstrahierte „Gesellschaftliche": das Gesellschaftliche als Element oder Modus menschlichen Seins, Geschehens und Handelns. Diese wissenschaftliche Position der Soziologie wurde erst kurz vor der Jahrhundertwende, in Deutschland seit Georg *Simmel* (1858—1918)[9] und Ferdinand *Tönnies* (1855—1936)[10] gesichert. *Simmel* und nach ihm *Vierkandt* nennen diese Forschungsweise formale Soziologie und betonen damit: die menschlichen Lebensbeziehungen als Formen oder Vollzugsweisen sollen in Sonderung von den Lebens- und Geschehensinhalten studiert werden. In *Tönnies'* Einteilung der Soziologie figuriert dieser Zweig als spezielle Soziologie in Unterscheidung von der universalen; *von Wiese* nennt ihn allgemeine Soziologie und will damit sagen, daß es dabei nicht um historische Einmaligkeiten in ihrer Abfolge, sondern um systematische Generalien zeitlosen Charakters geht. Obwohl also, wie bereits kurz gesagt, die Soziologie keine Pragmatik ist, lehnen auch die entschiedensten Vertreter rein theoretischer Soziologie[11] die Fruchtbarmachung soziologischer Erkenntnisse für verschiedenste praktische Aufgaben und für die Nachbarwissenschaften, wie die Rechtswissenschaft, nicht ab, wollen aber diese Anwendungen den Nutznießern selbst überlassen und die Soziologie als Wissenschaft nur am Wahrheitswert, nicht am Nutzwert orientiert sehen[12].

2. Abschnitt

§ 12: Die Rechtssoziologie als Wissenschaft

Die Rechtssoziologie stellt sich als eine Anwendung der allgemeinen empirischen Soziologie auf das Spezialgebiet des „Rechts als eine der

---

[6] *Stoltenberg*, Geschichte der Soziologie, S. 586.
[7] *Jerusalem*, Grundzüge, S. 13.
[8] Vgl. *Kraft*, Vorfragen, S. 76 f.
[9] *Simmel*, Soziologie, 1908.
[10] *Tönnies*, Gemeinschaft u. Gesellschaft, 1887.
[11] z. B. *von Wiese*, Soziologie, 1926.
[12] Vgl. *Geiger*, Soziologie, S. 578.

zahlreichen den Ablauf des Soziallebens beeinflussenden Ordnungsinstitutionen"[1] dar. Die Aufgabe der Rechtssoziologie läßt sich als „Erklärung des Vorhandenseins von Rechtseinrichtungen in der menschlichen Gesellschaft"[2] angeben, „mit dem Ziel, wissenschaftliche Gesetzmäßigkeiten hinsichtlich des Rechts als Regulator und als Funktion des Soziallebens zu ermitteln"[3]. Dies ist das Programm der theoretischen oder reinen Rechtssoziologie.

Da die Rechtssoziologie also das Vorhandensein von Rechtseinrichtungen in der menschlichen Gesellschaft beschreibt und erklärt, kann man mit Recht sagen, daß ihre wissenschaftliche Beschäftigung mit dem Recht deskriptiv[4] ist; da sie gleichzeitig das Ziel hat, wissenschaftliche Gesetzmäßigkeiten hinsichtlich des Rechts als Regulator und als Funktion des Soziallebens zu ermitteln, kann man ihre wissenschaftliche Beschäftigung mit dem Recht als funktional, mithin zusammenfassend als deskriptiv-funktional bezeichnen[5].

Demgegenüber ist die Rechtswissenschaft im engeren Sinne, auch Jurisprudenz genannt, deskriptiv-dogmatisch, weil sie die Rechtsregeln erklärt und der Ansicht ist, daß die Gesamtheit der Rechtsnormen ein in sich geschlossenes System bildet[6].

Als Beginn der Rechtssoziologie wird von vielen das Jahr 1748 angegeben, in dem *Montesquieu* sein berühmtes Werk „De l'esprit des lois"[7] herausgab. Das ist insoweit berechtigt, als *Montesquieu* bereits die Interdependenz von Recht und Sozialleben sah und im Gegensatz zur damals herrschenden Vernunftsrechtslehre hervorhob, daß die Durchsetzbarkeit der von einem Gesetzgeber aufgestellten Gebote von einer Reihe sozialer Bedingungen abhängig ist, die nicht überall die gleichen, sondern je nach den einzelnen Gesellschaftstypen verschieden sind. Doch damit betrieb er noch keine Rechtssoziologie[8]. Es geht auch nicht an, von einer Rechtssoziologie zu sprechen, bevor die eigentliche Soziologie begründet wurde. Wollte man nach rechtssoziologisch interpretierbaren Äußerungen suchen, dann müßte man spätestens bei

---

[1] *Hirsch*, Recht im soz. Ordnungsgefüge, S. 320.
[2] *Kraft*, Rechtssoziologie, S. 466; Vorfragen, S. 6.
[3] *Hirsch*, a.a.O.
[4] a. A. *Kraft*, Vorfragen, S. 43.
[5] *Hirsch*, a.a.O.
[6] *Hirsch*, a.a.O., in Weiterentwicklung der von *Kantorowicz*, Staatsauffassungen, S. 104 f., gegebenen Aufgliederung.
[7] W. G. *Becker*, ARSP 40, 231, spricht von der mit *Montesquieu* beginnenden juristischen Soziologie. Vgl. auch *Kraft*, Vorfragen, S. 54 Anm. 2.
[8] *Rehbinder*, KZfSS 1964, 534; *Ehrlich*, Harvard Law Review 29 (1916), 582.

Aristoteles[9] mit seiner Nikomachischen Ethik beginnen. *Timasheff*[10] weist zutreffend darauf hin, daß in diesem Fall die Geschichte der Rechtssoziologie mit der Geschichte der Rechtsphilosophie zusammenfiele; denn solange man über das Wesen des Rechts nachgedacht habe, seien auch in das Gebiet der Rechtssoziologie fallende Äußerungen getan worden. Man wird also von *Montesquieu* ebenso wie von *Aristoteles* und anderen Rechtsdenkern lediglich als den Vorläufern der Rechtssoziologie[11] sprechen können. Dies gilt auch von denen, die eine Trennung von Staat und Gesellschaft vornahmen und die Rechtsordnung der gesellschaftlichen Gruppen untersuchten, wie dem Germanisten Otto *von Gierke*.

Auch der Begründer der allgemeinen Soziologie, *Comte*, hat zur Rechtssoziologie kaum etwas beigetragen. Dies liegt daran, daß die Soziologie aus einer rechtsfeindlichen Haltung heraus entstanden ist[12].

Die Rechtssoziologie im eigentlichen Sinn entstand erst an der Wende des 19. zum 20. Jahrhundert[13], und zwar beinahe gleichzeitig in vier verschiedenen Rechtskreisen[14]. Wenn man die Kriminologie als eine soziologische Schule des Strafrechts ausklammert, die von *Lombroso*, *Ferri*, *Garofalo*, *Tarde* und Franz *von Liszt* bis zu *von Hentig*, *Middendorf*, *Sutherland*, *Hall* und der heutigen Richtung der Défense Sociale mit dem ehemaligen hessischen Generalstaatsanwalt Fritz *Bauer* reicht, dann sind als eigentliche Begründer der Rechtssoziologie weitgehend unabhängig voneinander im deutschen Sprachraum Eugen *Ehrlich*, Ignatz *Kornfeld* und Max *Weber*[15], in Frankreich Emile *Durkheim*, in den USA Roscoe *Pound* und *Llewellyn* sowie in Schweden Axel *Hägerström* anzusehen.

3. Abschnitt

§ 13: Die deutsche Rechtssoziologie

Da das Thema dieser Arbeit allein die deutsche Rechtssoziologie betrifft, wird sich die Darstellung im folgenden allein auf die deutschsprachige Rechtssoziologie beschränken. Eugen *Ehrlich* (1862—1922),

---

[9] Vgl. dazu *Kraft*, Vorfragen, S. 49 ff., der erklärt, „daß *Aristoteles* den Anspruch hat, als einer der Begründer der Soziologie zu gelten".
[10] *Timasheff*, An Introduction to the Sociology of Law, 1939, S. 44.
[11] *Gurvitch*, Grundzüge, S. 47.
[12] *Timasheff*, Introduction, S. 45.
[13] Vgl. *Fechner*, Rechtssoziologie, S. 763.
[14] *Rehbinder*, KzfSS 1964, 549.
[15] *Jerusalem*, Soziologie des Rechts I, S. V, nennt nur *Ehrlich* und *Weber*. *König*, Recht, S. 232, nennt als die wesentlichen Begründer: Karl *Marx*, Ludwig *Gumplowicz* und Eugen *Ehrlich*.

der eigentliche „Begründer der Rechtssoziologie in Deutschland"[1], versuchte zu zeigen, daß die dogmatische Rechtswissenschaft keine Wissenschaft, sondern eine konkreten Zwecken dienende Technik ist. Mittelpunkt der Rechtsentwicklung war für ihn allein die Gesellschaft[2]. Deutlich hob er bereits die Verspätung der Rechtssysteme hinter den sie tragenden sozialen Systemen hervor. Damit wird er zu einem Vorläufer der Lehre von der Verspätung der sozial-kulturellen Anpassung in bezug auf die tatsächliche Entwicklung, die man nach William F. Ogburn als „cultural lag" bezeichnet. Ehrlich arbeitete rechtsvergleichend-historisch die Rechtswirklichkeit heraus und kam dabei zu einer „Dreiteilung des Rechts"[3] in Rechtssätze, Entscheidungsnormen und außerstaatliches, „lebendes Recht"[4]. Nur in der letzteren Sphäre sieht er das Forschungsobjekt der Rechtssoziologie[5]. Sein Hauptwerk ist die „Grundlegung der Soziologie des Rechts".

In ähnlicher Richtung bewegen sich die Arbeiten von *Kornfeld*[6].

Für *Max Weber* ist das Recht der Ausgleich eines Konflikts von Werten, den die Soziologie wertungsfrei darzustellen habe. In seiner „Rechtssoziologie", die heute im wesentlichen nur noch für die Rechtsgeschichte Bedeutung hat[7], zieht er unter Aufdeckung der Interdependenz von Recht und Sozialleben aus historischer Rechtsvergleichung die Folgerung, daß die Rechtsschöpfung sich regelmäßig von charismatischer Offenbarung durch den rechtsfindenden Propheten zur rationalen Rechtsschöpfung und Verwaltungspraxis durch einen spezialisierten Juristenstand, die Rechtstechnik sich demgemäß vom magischen Formalismus zu utilitaristischem Rationalismus entwickele.

Die Weiterentwicklung der rechtssoziologischen Forschung verlief nur zögernd. Die deutsche Rechtssoziologie hat überhaupt den durch die Namen von Max *Weber* und *Ehrlich* bezeichneten hohen Stand nicht halten können[8]. Sie ist daher „nicht zur gleichen Anerkenntnis

---

[1] *Rehbinder*, KZfSS 1963, 338; *Sinzheimer*, Klassiker, S. 233; *Eichler*, S. 921.
[2] *Sinzheimer*, Klassiker, S. 237, 250; *Kraft*, Vorfragen, S. 30.
[3] *Rehbinder*, KZfSS 1964, 550.
[4] *Sinzheimer*, Klassiker, S. 234, spricht nicht von einer Dreiteilung, sondern nur von einer „doppelten Ordnung": „die eine enthält die Normen, die zur Entscheidung von Streitigkeiten bestimmt sind, die andere die Normen, nach denen sich das menschliche Tun tatsächlich vollzieht." Die Normen der einen Ordnung würden Entscheidungsnormen, die der anderen Organisationsnormen genannt. Jene seien die „Rechtssätze", diese das „gesellschaftliche Recht".
[5] *Rehbinder*, KZfSS 1964, 550.
[6] z. B. Soziale Machtverhältnisse, Grundzüge einer allgemeinen Lehre vom positiven Recht auf soziologischer Grundlage, 1911.
[7] *Rehbinder*, Max Weber, S. 486 f.
[8] Vgl. *Raiser*, JZ 1966, 88.

§ 13: Die deutsche Rechtssoziologie

gediehen wie die anderen Teildisziplinen der Soziologie"[9]. Zwar wurde der große Streit zwischen *Kelsen* und *Ehrlich*[10] um die theoretische Möglichkeit der Rechtssoziologie zugunsten *Ehrlichs* und damit zugunsten der Rechtssoziologie entschieden[11]. Das hat aber keine praktischen, sondern nur weitere methodologische Erörterungen ausgelöst, was als „ein Zeichen für mangelnde Reife" angesehen wurde[12]. Zu nennen sind insbesondere Hugo *Sinzheimer*[13], Hermann U. *Kantorowicz*[14], der bereits als Vertreter der Freirechtslehre erwähnt wurde, der deutsche Durkheim-Schüler Franz *Jerusalem*[15], dessen Werk aber wegen seiner „unerträglichen Universalismen"[16] kaum lesbar ist, Barna *Horvath*[17], Julius *Kraft*[18] und vor allem Arthur *Nussbaum*[19]. In der von ihm erhobenen Forderung nach Rechtstatsachenforschung „liegt der für die damalige Zeit fruchtbarste und heute noch gültige Ansatz"[20].

Die gesamte deutsche rechtssoziologische Forschung wurde durch den Nationalsozialismus völlig zum Erliegen gebracht[21]. Das ist erklärlich, wenn man sich vergegenwärtigt, daß die Soziologie im allgemeinen und die Rechtssoziologie im besonderen eine „entschleiernde"[22] und „desillusionierende"[23] Wissenschaft ist. Niemand hat sie mehr zu fürchten als eine Diktatur. Während die allgemeine deutsche Soziologie nach 1945 wieder auf hohen Stand gelangt ist[24], hat sich die Rechtssoziologie

---

[9] *König*, Recht, S. 232.
[10] *Kelsen*, Die Grenzen zwischen juristischer und soziologischer Methode, 1911: Zur Soziologie des Rechts, AfSWSP 34 (1912), 601; Eine Grundlegung der Rechtssoziologie, AfSWSP 39 (1915), 1839; Replik, AfSWSP 41 (1916), 850. *Ehrlich*, AfSWSP 41 (1916), 844.
[11] *Rehbinder*, KZfSS 1964, 554.
[12] *König*, a.a.O.
[13] *Sinzheimer*, Die soziologische Methode in der Privatrechtswissenschaft, 1909; De taak der rechtssociologie, 1935.
[14] Vgl. die von *Würtenberger* unter dem Titel „Rechtswissenschaft und Soziologie" herausgegebene Sammlung der Schriften *Kantorowicz'*, 1962.
[15] *Jerusalem*, Soziologie des Rechts, Bd. I, Gesetzmäßigkeit und Kollektivität, 1925.
[16] So W. G. *Becker*, ARSP 40 (1952/53), 231.
[17] *Horvath*, Rechtssoziologie, 1934.
[18] *Kraft*, Vorfragen der Rechtssoziologie, in: Zschr. f. vergl. RW 45 (1930), 1—78; Rechtssoziologie, in: Handwörterbuch der Soziologie, S. 466—479.
[19] *Nussbaum*, Die Rechtstatsachenforschung. Ihre Bedeutung für Wissenschaft und Unterricht, 1914; Ziele der Rechtstatsachenforschung, LZ 1920, 873, 912; Die Rechtstatsachenforschung, AcP 154 (1955), 453.
[20] *Rehbinder*, KZfSS 1964, 556.
[21] Vgl. dazu *Nussbaum*, AcP 154 (1955), 463, der aus persönlicher Erfahrung berichtet.
[22] *Hirsch*, Recht im soz. Ordnungsgefüge, S. 243.
[23] *Fechner*, Rechtsphilosophie, S. 269; Rechtssoziologie, S. 765 f.
[24] Erwähnt seien nur die Namen von Adorno, Dahrendorf, von Friedeburg, Gehlen, Hofstätter, Horkheimer, König, Lieber, Schelsky, Stammer, Topitsch, von Wiese.

von dem Schlag des Nationalsozialismus noch nicht ganz erholen können. Von überragender Bedeutung ist nur das Werk Theodor *Geigers*[25], das als „das bedeutendste Werk der Rechtssoziologie überhaupt" bezeichnet wird[26]. Das Werk ist zwar fragmentarisch, durchschreitet aber zumindest in Ansätzen den weiten Kreis der rechtssoziologischen Problematik. Es ist auf der Grundlage und aus der Auseinandersetzung mit der Uppsala-Schule entstanden. Daß es „bisher in Deutschland so wenig Einfluß erlangt" hat, dürfte nicht zuletzt darauf zurückzuführen sein, daß es „die methodische Wende von einer verstehenden zu einer analysierenden Soziologie bewußt vollzogen hat"[27]. Daneben sind bisher nur kleinere Arbeiten erschienen[28]. Einen Ansatz bieten jedoch die in dem 1964 gegründeten Institut für Rechtssoziologie und Rechtstatsachenforschung an der Freien Universität Berlin erschienenen Arbeiten[29], insbesondere die dessen Leiters Ernst E. *Hirsch*, dessen kleinere verstreut erschienene Abhandlungen in einem Sammelband veröffentlicht wurden[30].

Einer seiner Schüler, Manfred *Rehbinder*, hat eine große Anzahl meist theoretischer Arbeiten veröffentlicht[31].

---

[25] *Geiger*, Vorstudien zu einer Soziologie des Rechts, 1947.
[26] *Rehbinder*, KZfSS 1964, 566.
[27] *Raiser*, JZ 1966, 88.
[28] *Dahrendorf*, Über Gestaltung und Bedeutung des Rechts in der modernen Gesellschaft, in: Hamburger Jahrbuch 7 (1962); *König*, Das Recht im Zusammenhang der sozialen Normensysteme, in: Hirsch-Rehbinder, Studien und Materialien zur Rechtssoziologie, S. 36—53; Recht, in: Soziologie, Fischer-Lexikon, Frankfurt. 1958; *Drath*, Grund und Grenzen der Verbindlichkeit des Rechts, 1963; *Eichler*, Recht, in Hdb. d. Soz., S. 913 ff.; *Fechner*, Rechtsphilosophie, Soziologie und Metaphysik des Rechts, 1956, 205 ff.; Rechtssoziologie, in: Hdwb. d. SozW.; *Emge*, Die Bedeutung der rechtssoziologischen Sachverhalte für die Dogmatik, in: Hirsch-Rehbinder, Studien und Materialien zur Rechtssoziologie, S. 182—196.
[29] Außer den noch zu erwähnenden Arbeiten von *Hirsch* und *Rehbinder*: *Limbach*, Theorie und Wirklichkeit der GmbH, 1966; *Klotz*, Die rechtstatsächliche und rechtspolitische Bedeutung der Vorschriften über die Anlage von Mündelgeld, 1966; *Elle*, Die rechtliche Sicherung der Ansprüche aus Industrieobligationen, 1966; *Schaudwet*, Bankenkontokorrent und Allgemeine Geschäftsbedingungen, 1967; *Baum*, Leon Petrazycki und seine Schüler, 1967; *Kohler*, Die moderne Praxis des Schiedsgerichtswesens in der Wirtschaft, 1967; *Gefaeller*, Entstehung und Bedeutungswandel der Arbeitsmündigkeit (§ 113 BGB), 1968; *Riebschläger*, Die Freirechtsbewegung, 1968; *Knauthe*, Kausales Rechtsdenken und Rechtssoziologie, 1968; *Boergen*, Die vertragliche Haftung des Rechtsanwalts, 1968.
[30] Ernst E. *Hirsch*, Das Recht im sozialen Ordnungsgefüge, 1966; daneben: Rechtssoziologie heute, in: Hirsch-Rehbinder, Studien und Materialien zur Rechtssoziologie, S. 9—33.
[31] *Rehbinder*, Die öffentliche Aufgabe und rechtliche Verantwortlichkeit der Presse, 1962. Die Diskriminierung: Ihre Ursachen und ihre Bekämpfung, in: KZfSS 15 (1963), 6 ff.; Entwicklung und gegenwärtiger Stand der rechts-

II. Kapitel

Das Verhältnis der Tübinger Schule zur Rechtssoziologie

1. Abschnitt

§ 14: Das Verhältnis zwischen Rechtswissenschaft und Rechtssoziologie

Den Begriff der Rechtswissenschaft kann man in einem weiteren und einem engeren Sinne verstehen. Im weiteren Sinne bedeutet Rechtswissenschaft jede wissenschaftliche Beschäftigung mit dem Recht, wobei es gleichgültig ist, von welchem Standpunkt aus und zu welchem Ziel hin diese Beschäftigung erfolgt. Rechtswissenschaft in diesem Sinne umfaßt also alles, was in den rechtswissenschaftlichen Fakultäten gelehrt wird, also die Rechtsgeschichte, die Rechtsphilosophie, aber auch die Rechtssoziologie und die Rechtswissenschaft im engeren Sinne.

Bei der Frage nach dem Verhältnis zwischen Rechtswissenschaft und Rechtssoziologie soll hier in erster Linie die Rechtswissenschaft im engeren Sinne gemeint sein. Diese Rechtswissenschaft kann man auch als Rechtsdogmatik oder mit *Geiger*[1] als „reine, systematische Juridik" bezeichnen. Rechtswissenschaft i. e. S. bedeutet die „deskriptiv-dogmatische" Beschäftigung mit dem Recht, also reine „Rechtsregelerklärung"[2], wogegen die Rechtssoziologie, wie bereits ausgeführt[3], die sozialen Faktoren, die hinter den Rechtsregeln stehen, erklärt.

Die Tübinger Schule sah im Verhältnis zwischen Rechtswissenschaft und Rechtssoziologie die Rechtswissenschaft, die *Heck* „dogmatische Rechtswissenschaft"[4] nannte, als die „Endwissenschaft", zu der die Rechtssoziologie nur eine Vorwissenschaft oder Hilfswissenschaft sei, die „das wissenschaftliche Material"[5] zu liefern habe, wobei *Heck* die Rechtssoziologie und Rechtstatsachenforschung gleichsetzte[6]. Zu dieser

---

soziologischen Literatur, in: KZfSS 16 (1964), 533—567; Max Webers Rechtssoziologie, eine Bestandsaufnahme, in: KZfSS, Sonderheft 7, S. 470 ff.; Karl N. Llewellyn als Rechtssoziologe, in: KZfSS 18 (1966), 532—556; Die Begründung der Rechtssoziologie durch Eugen Ehrlich, 1967; Status-Kontrakt-Rolle, in: Berliner Festschrift für Ernst E. Hirsch, S. 141—170; Zum Tode von Arthur Nußbaum, in: JZ 1965, 225; Roscoe Pound (1870—1964), in: JZ 1965, 482—484, und S. XIV.

[1] *Geiger*, Vorstudien, S. 40, 164.
[2] *Hirsch*, Recht im soz. Ordnungsgefüge, S. 320.
[3] Oben § 13.
[4] *Heck*, Begriffsbildung, S. 18.
[5] *Heck*, Begriffsbildung, S. 130; Vgl. auch *Heck*, Rechtslehre, S. 178.
[6] *Heck*, Begriffsbildung, S. 131.

Ansicht gelangte *Heck* von seiner Auffassung der dogmatischen Rechtswissenschaft aus, als deren Endziel er die Gewinnung von Normen für die richterliche Fallentscheidung sah[7].

Nach *Hecks* Ansicht hat sich *Ehrlich* zwar durch die Betonung der Lebensforschung besondere Verdienste erworben, aber nicht an dem Endziel der Rechtswissenschaft, das *Heck* annahm, festgehalten. Diese Ansicht *Hecks* ist jedoch unrichtig. Gerade im Endziel der praktischen Rechtswissenschaft stimmen beide überein. Allerdings ist *Ehrlichs* Auffassung zum Verhältnis von Rechtswissenschaft und Rechtssoziologie eine ganz andere als die der Tübinger Schule. Er war der Ansicht, daß die Rechtssoziologie die eigentliche Wissenschaft vom Recht sei[8], denn er unterschied zwischen (theoretischer) Wissenschaft und (praktischer) Kunstlehre. Daher müsse auch die theoretische Rechtswissenschaft von der praktischen Rechtslehre unterschieden werden. Mit dieser Scheidung sei „die selbständige Wissenschaft vom Recht begründet, die nicht praktischen Zwecken dienen will, sondern der reinen Erkenntnis, die nicht von Worten handelt, sondern von Tatsachen"[9]. Demgegenüber ist die praktische Rechtslehre „die Kunst, das Recht den besonderen Bedürfnissen des Rechtslebens dienstbar zu machen"[10]. Da nun das Recht eine Sozialordnung ist, könne man die theoretische Rechtswissenschaft als Gesellschaftswissenschaft bezeichnen, was jedoch für *Ehrlich* auch auf die praktische Rechtslehre zutrifft. Denn unter Gesellschaftswissenschaft begreife man jede Art der Wissenschaft von der menschlichen Gesellschaft, sie mag theoretisch oder bloß praktisch sein. Für die Gesamtheit der theoretischen Gesellschaftswissenschaften sei seit etwa einem Jahrhundert durch den französischen Philosophen Auguste *Comte* die Bezeichnung Soziologie aufgekommen[11].

Also muß *Ehrlich* die theoretische Rechtswissenschaft als Rechtssoziologie und alle praktischen Richtungen der Jurisprudenz als angewandte Sozialwissenschaft bezeichnen[12].

Die Rechtssoziologie ist für ihn folgerichtig die wissenschaftliche Grundlage für die praktische Rechtslehre[13]. Damit hat *Ehrlich* zwar

---

[7] *Heck*, Begriffsbildung, S. 18. Vgl. dazu auch *Esser*, Nachwort, S. 219.
[8] *Ehrlich*, Grundlegung, S. 19.
[9] *Ehrlich*, Grundlegung, S. 1.
[10] *Ehrlich*, Grundlegung, S. 198.
[11] *Ehrlich*, Grundlegung, S. 18 f. Zu diesem weiten Soziologiebegriff *Ehrlichs* vgl. oben § 12.
[12] *Ehrlich*, Logik, S. 310. Dieser Ansicht entspricht weitgehend der Gründungsplan für die Universität Konstanz. Dieser sieht keine rechtswissenschaftliche Fakultät vor. Stattdessen sind in der sozialwissenschaftlichen Fakultät fünf rechtswissenschaftliche Lehrstühle geplant und errichtet worden.
[13] Vgl. *Rehbinder*, Begründung, S. 73.

§ 14: Das Verhältnis zwischen Rechtswissenschaft und Rechtssoziologie 45

der Rechtssoziologie die selbständige Stellung eingeräumt, die *Heck* ihr nicht zuerkannte, der die Rechtssoziologie nur als „Dienerin" der praktischen Rechtswissenschaft ansah. Da die Rechtssoziologie gleichzeitig aber auch als „wissenschaftliche Grundlage", wie es *Ehrlich* formuliert, der praktischen Rechtslehre dient, kann man nicht davon reden, daß *Ehrlich* das „Endziel" der Rechtswissenschaft aufgegeben habe[14]. Denn ob man nun „wissenschaftliche Grundlage" oder mit *Heck* „Vorwissenschaft", die „das wissenschaftliche Material"[15] liefert, sagt, ist für das „Endziel" der praktischen Rechtswissenschaft gleichgültig. In beiden Fällen bleibt das Ziel der praktischen Rechtslehre oder, wie *Heck* sagt, der dogmatischen Rechtswissenschaft „die Gewinnung von Normen für die richterliche Fallentscheidung"[16]. Zu dieser Gewinnung hilft in beiden Fällen die Rechtssoziologie und macht damit in beiden Fällen die dogmatische Rechtswissenschaft zu einer angewandten Rechtssoziologie.

Eine Theorie, die der *Ehrlichs* ähnlich ist, vertritt *Kornfeld*. Auch er unterscheidet zwischen der „praktischen Anwendungslehre" und dem „theoretischen Wissen von den Rechtsregeln und Rechtserscheinungen"[17] und versteht dabei die Rechtsregeln als „tatsächlich geltende Regeln des gesellschaftlichen Lebens, also soziologisch"[18]. Im Gegensatz zu *Ehrlich* weist er diesen Komplex jedoch nicht der Soziologie zu, sondern versucht, auch ihn „in die Rechtswissenschaft selbst behufs Wahrung ihres Charakters als Erfahrungswissenschaft einzuführen" und innerhalb der Rechtswissenschaft zwischen den beiden Disziplinen zu unterscheiden. Dieser Gegensatz zwischen *Ehrlich* und *Kornfeld* kommt daher, daß *Kornfeld* im Unterschied zu *Ehrlich* nicht erkannt hat, daß auch die Rechtswissenschaft eine Gesellschaftswissenschaft ist. Im übrigen beruht der Gegensatz nur auf der unterschiedlichen Terminologie. *Kornfelds* theoretische Rechtswissenschaft kann als Rechtssoziologie angesehen werden, denn sie geht davon aus, daß die Rechtsregeln als Regeln tatsächlichen sozialen Verhaltens nur empirische Gesetze sind[19], also auch empirisch untersucht werden müssen. Diese Untersuchung ist Aufgabe der Rechtssoziologie[20]. Auch für *Kornfeld* ist diese theoretische Rechtswissenschaft, die in Wahrheit eine Rechtssoziologie ist, die eigentliche Rechtswissenschaft. *Kornfeld* ordnete aber die Rechtssoziologie, seine theoretische Rechtswissenschaft, der Rechtswissenschaft

---

[14] So *Heck*, Begriffsbildung, S. 132.
[15] *Heck*, Begriffsbildung, S. 131.
[16] *Heck*, Begriffsbildung, S. 18.
[17] *Kornfeld*, Soziale Machtverhältnisse, S. 325.
[18] *Kornfeld*, Soziale Machtverhältnisse, S. 3.
[19] *Kornfeld*, Soziale Machtverhältnisse, S. 27.
[20] Vgl. dazu *Hirsch*, Recht im soz. Ordnungsgefüge, S. 322.

i. w. S. unter, während *Ehrlich* jeder Rechtswissenschaft die Soziologie voranstellte.

Kornfelds Terminologie entspricht damit mehr der Begriffsbildung der Tübinger Schule. Dies soll an einem Schaubild verdeutlicht werden:

1. Ansicht der Tübinger Schule

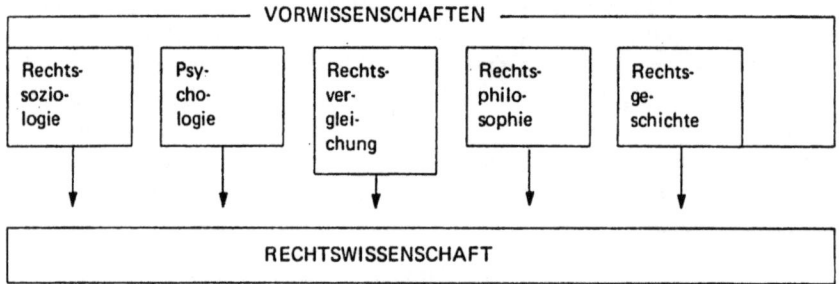

2. Ansicht *Ehrlichs*

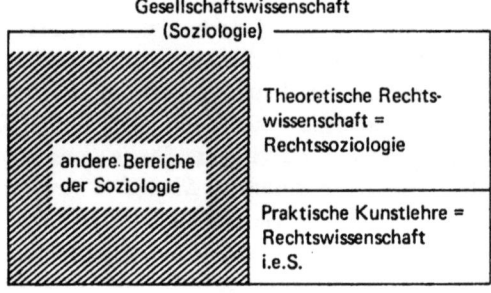

3. Ansicht *Kornfelds*

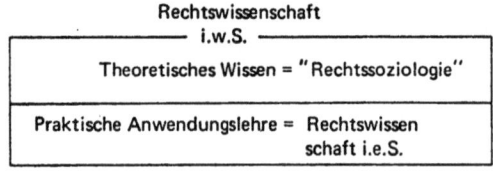

Auch *Kantorowicz* ordnet die Rechtswissenschaft nicht der Soziologie unter. Er unterscheidet innerhalb der Rechtswissenschaft, womit die Rechtswissenschaft i. w. S. gemeint ist, sechs Disziplinen: „Eine individualisierende Wissenschaft vom Sinn eines historisch gegebenen Rechts, die Rechtsdogmatik oder ‚eigentliche Rechtswissenschaft', die ‚Allgemeine Rechtslehre', die Rechtspolitik, die Rechtsphilosophie, die Rechtshistorie ,und eine systematische Wissenschaft von der Wirklichkeit allen Rechts, die Rechtssoziologie'[21]." Im Verhältnis von Rechtsdogmatik zu Rechtssoziologie sei die letztere die „vornehmste Hilfswissenschaft"[22] der ersteren; die Rechtssoziologie sei von der Rechtsdogmatik abhängig[23]. Damit setzt sich *Kantorowicz* deutlich von *Ehrlich* ab, was er auch ausdrücklich hervorhebt, wenn er sich gegen das Bestreben wendet, „die Rechtsdogmatik durch Rechtssoziologie zu verdrängen und die Jurisprudenz dadurch zum Range einer ‚Wissenschaft' zu ‚erheben'"[24]. Das Recht könne gar nicht Gegenstand der sich nur mit tatsächlichen Zusammenhängen befassenden Soziologie sein. Diese Ansicht stimmt völlig mit der der Tübinger Schule überein, denn nach *Kantorowicz'* Auffassung sollten gerade die Anhänger einer soziologischen Jurisprudenz, die das praktische („wertende") Element aller Dogmatik so scharf herausgearbeitet hat, vor „Rückfällen" in die Auffassung der Jurisprudenz als einer rein theoretischen („wertbeziehenden") Disziplin geschützt sein[25]. Damit hat *Kantorowicz* allerdings auch *Ehrlich* teilweise mißverstanden, denn *Ehrlich* folgt, wie bereits erwähnt[26], einem weiten Soziologiebegriff, während *Kantorowicz* und die Tübinger Schule den engeren Begriff der Soziologie meinen. Damit bleibt jedoch offen, ob nicht auch *Kantorowicz* die Rechtswissenschaft zu den Sozialwissenschaften rechnet.

Auch *Sinzheimer* sieht die Rechtssoziologie vor allem als Hilfswissenschaft der Rechtswissenschaft i. e. S., wobei er, wie die Tübinger Schule, besonders die Bedeutung für die Rechtsprechung betont, denn die Rechtssoziologie erweitere „das zufällige Blickfeld des Richters und seine durch zufällige Erfahrungen gewonnenen Werturteile", sie baue „sein Blickfeld zu einem gesellschaftlichen Weltbild des Rechts aus", konfrontiere „seine Werturteile mit den Werturteilen der gesellschaftlichen Gruppen"[27].

Kraft ordnet die Rechtssoziologie zwei Oberbegriffen unter, einmal der Rechtswissenschaft i. w. S., wenn er die Rechtssoziologie „als die exakte Fortbildung der pragmatischen Rechtsgeschichte, der ethnologischen und vergleichenden Rechtswissenschaft" darstellt, zum anderen der Soziologie: „als Anwendung des allgemeinen Programms einer

---

[21] *Kantorowicz*, Staatsauffassungen, S. 104 f.
[22] *Kantorowicz*, Rechtswissenschaft und Soziologie, S. 13.
[23] *Kantorowicz*. Rechtswissenschaft und Soziologie, S. 27.
[24] *Kantorowicz*, Rechtswissenschaft und Soziologie, S. 24.
[25] *Kantorowicz*, Rechtswissenschaft und Soziologie, S. 29.
[26] Vgl. oben § 12.
[27] *Sinzheimer*, Jüdische Klassiker, S. 252.

empirischen Theorie der menschlichen Gesellschaft auf das Spezialgebiet der Rechtsorganisationen"[28].

Im Schaubild dargestellt, würde *Krafts* Theorie etwa so aussehen:

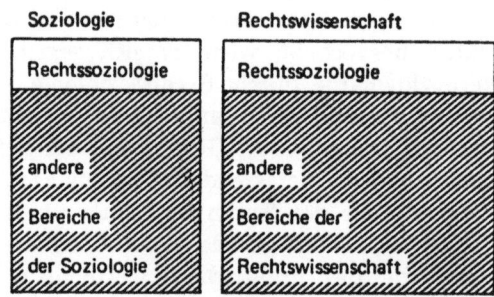

Das eigentliche Ziel der Rechtssoziologie sei jedoch nicht die Aufstellung einer reinen Theorie, sondern die Anwendung dieser Theorie zur „Beeinflussung gegebener positiver Rechtseinrichtungen", also eine angewandte Rechtssoziologie. Es gehöre nämlich zur „Eigenart und Würde der Sozialwissenschaften, daß die Frage nach dem Warum der sozialen Abläufe prinzipiell betrachtet nur die Vorfrage nach ihrem Wozu, nach ihrer planmäßigen Beherrschung, nach ihrer vernünftigen Organisation"[29] sei. Damit kann man auch *Kraft* zu der Gruppe der Rechtssoziologen zählen, die die Rechtssoziologie in erster Linie als eine Hilfswissenschaft der Rechtswissenschaft ansehen.

Von demselben Ausgangspunkt wie *Kraft* geht *Hirsch* aus. Auch er ist der Ansicht, daß die Rechtssoziologie sowohl Teil der Rechtswissenschaft als auch „ein Spezialgebiet des Wissenschaftszweiges Soziologie" sei[30]. Zwar ordnet die Definition, die er gibt, die Rechtssoziologie ausschließlich der Soziologie zu, an anderer Stelle[31] aber, an der er von der Dreiteilung der Rechtswissenschaft in Wertwissenschaft, Normwissenschaft und Erfahrungswissenschaft ausgeht, hält er die Rechtssoziologie für die Erfahrungswissenschaft vom Recht, also für einen Teil der Rechtswissenschaft i. w. S. Auch er unterscheidet zwischen reiner und angewandter Rechtssoziologie. Anders aber als *Kraft* meint er, daß die reine Rechtssoziologie, also die Frage nach dem Warum, nicht nur die Vorstufe zu der angewandten Rechtssoziologie, zu der Frage nach dem Wozu ist, denn die mit Hilfe der reinen Rechtssozio-

---

[28] *Kraft*, Rechtssoziologie, S. 466 f. Vgl. auch Vorfragen, S. 9 f.
[29] *Kraft*, Rechtssoziologie, S. 476.
[30] *Hirsch*, Recht im soz. Ordnungsgefüge, S. 44, 320.
[31] *Hirsch*, Recht im soz. Ordnungsgefüge, S. 16 f.

§ 14: Das Verhältnis zwischen Rechtswissenschaft und Rechtssoziologie 49

logie gewonnenen wissenschaftlichen Ergebnisse „können" praktisch verwendet werden[32], müssen es aber nicht. Darum spricht *Hirsch* auch von anwendbarer Rechtssoziologie. Wenn die Ergebnisse der reinen Rechtssoziologie verwendet würden, seien sie sowohl für die Rechtspolitik als auch für die praktische Rechtsanwendung unentbehrlich.

Bemerkenswert erscheint in diesem Zusammenhang, daß *Hirsch*, soweit ersichtlich, der einzige deutsche Rechtssoziologe nach *Ehrlich* ist, der ausdrücklich erklärt, daß er die Rechtswissenschaft aus dem Kreis der Geisteswissenschaften herauslösen und sie den Sozialwissenschaften unterstellen will[33], wie dies auch der Gründungsplan für die Universität Konstanz vorsieht. Statt einer eigenen rechtswissenschaftlichen Fakultät sind dort fünf rechtswissenschaftliche Lehrstühle innerhalb der sozialwissenschaftlichen Fakultät geplant[34] und nunmehr auch errichtet worden.

Geiger erklärt in seinem Vorwort zu seinen Vorstudien[35], daß er entgegen seinem ursprünglichen Plan „eine wissenschafts-systematische Bestimmung des Platzes der Rechtssoziologie" im Verhältnis zur „systematischen Juridik" zurückstellen müsse. Dementsprechend finden sich bei ihm auch nur Andeutungen, die nicht mit letzter Sicherheit auf seine Ansicht vom Verhältnis der Rechtssoziologie zur Rechtsdogmatik schließen lassen. Seine Äußerung[36], daß die Rechtssoziologie „der systematischen Rechtswissenschaft ihren gesellschaftsmorphologischen Hintergrund" gebe, zeigt zwar, daß für ihn von der Rechtswissenschaft aus gesehen, die Rechtssoziologie als Vor- oder Grundlagenwissenschaft dieser Rechtswissenschaft fungiert. Es bleibt aber offen, ob dies die eigentliche Aufgabe der Rechtssoziologie sein soll. Daß der Forschungsbereich der Rechtssoziologie nach *Geiger*[37] auch das außerrechtliche Ordnungsgefüge umfaßt, sagt jedoch noch nichts gegen die Rolle der Rechtssoziologie als Hilfswissenschaft der Rechtswissenschaft aus, wie *Trappe*[38] anzunehmen scheint. Auch dann, wenn die Rechtssoziologie außerrechtliche Bereiche untersucht, hilft sie der Rechtswissenschaft, was sich schon daraus ergibt, daß die Rechtsordnung selbst oft auf diese Bereiche verweist[39]. Man denke nur an § 242 BGB: „Treu und Glauben mit Rücksicht auf die Verkehrssitte"

---

[32] *Hirsch*, Recht im soz. Ordnungsgefüge, S. 44.
[33] *Hirsch*, Recht im soz. Ordnungsgefüge, S. 65 ff.
[34] Vgl. *Lange*, JZ 1965, 737 ff.; *Raiser*, JZ 1966, 86 ff.
[35] *Geiger*, Vorstudien, S. 40.
[36] *Geiger*, Vorstudien, S. 125.
[37] *Geiger*, Vorstudien, S. 57 f., 125.
[38] *Trappe*, Einleitung zu Vorstudien, S. 22.
[39] Vgl. *Hirsch*, Recht im soz. Ordnungsgefüge, S. 45.

oder an § 276 BGB: „Außerachtlassung der im Verkehr erforderlichen Sorgfalt."

An anderer Stelle versteht *Trappe*[40] die Rechtssoziologie jedoch selbst als Hilfswissenschaft der Rechtsdogmatik. Die Rechtssoziologie habe Bereiche zu erhellen, die von der Rechtswissenschaft, womit nur die Rechtswissenschaft i. w. S. gemeint sein kann, mit ihren speziellen Disziplinen vernachlässigt worden seien. Als Hilfswissenschaft könne sie der Rechtsdogmatik dienen, auf keinen Fall diese auflösen oder ersetzen — eine Betonung, die überflüssig erscheint, da dies von niemandem, nicht einmal von *Ehrlich*, gewollt wurde.

Damit schließt sich auch *Trappe* der Ansicht *Kantorowicz'* an, dessen Position der der Tübinger Schule sehr nahe kommt.

Auch *Fechner*[41] scheint die Rechtssoziologie nur als Vorwissenschaft der Rechtswissenschaft anzusehen, wenn er ausführt, daß die Soziologie als Tatsachenwissenschaft „nur die Fakten darlegen, die gegebene Situation analysieren, die wahrscheinlichen Folgen möglicher Entscheidungen aufweisen, kurz: die Entscheidung vorbereiten" könne. Ein — in diesem Zusammenhang allerdings nicht bedeutsamer — Unterschied zu der Auffassung *Kantorowicz'* und *Hecks* ergibt sich daraus, daß er die Rechtssoziologie als „notwendigen Teil der Rechtsphilosophie" ansieht[42].

Nach dieser in historischer Reihenfolge gegebenen Darstellung der Ansichten der deutschen Rechtssoziologen kann man eine Unterscheidung in zwei Gruppen treffen. Auf der einen Seite steht die größere Gruppe derjenigen, welche eine der wesentlichen Aufgaben der Rechtssoziologie darin erblickt, der Rechtsdogmatik zu helfen; auf der anderen Seite stehen diejenigen Autoren, die es „mit dem Aufzeigen sozialer Gesetzmäßigkeiten und Entwicklungslinien"[43] bewenden lassen. Die einen, die ihre Forschungsergebnisse für die Rechtsanwendung nutzbar machen wollen, betreiben also die Rechtssoziologie in pragmatischer Absicht. Sie versuchen, neben der reinen Rechtssoziologie zugleich angewandte Rechtssoziologie zu betreiben. Die anderen wollen es hingegen mit einer reinen Rechtssoziologie bewenden lassen, betreiben also die Rechtssoziologie lediglich in soziologischer Absicht. Zu diesen wird man neben Max *Weber* mit einigen Vorbehalten auch *Geiger* rechnen können. Die erste Gruppe dagegen wird vor allem repräsentiert durch *Kantorowicz, Sinzheimer* und *Fechner*, daneben *Kraft* und *Hirsch*. Auch *Ehrlich* wird man trotz einiger Einschränkungen hierzu

---

[40] *Trappe*, Einleitung, S. 35.
[41] *Fechner*, Rechtsphilosophie, S. 276; Rechtssoziologie, S. 768.
[42] *Fechner*, Rechtsphilosophie, S. 265; Rechtssoziologie, S. 768.
[43] *Rehbinder*, Max Weber, S. 471.

zählen können. Man erkennt also, worauf schon *Rehbinder* hingewiesen hat[44], „daß die rechtssoziologischen Arbeiten sich grundlegend danach unterscheiden, ob sie vorwiegend juristisch oder vorwiegend soziologisch orientiert sind". Die Mitglieder der Gruppe, welche die Rechtssoziologie vor allem als Hilfswissenschaft der Rechtswissenschaft ansieht, sind die „Juristen" unter den Rechtssoziologen. Sie sind es auch, deren Ansicht sich mit der der Tübinger Schule über das Verhältnis der beiden Disziplinen am meisten deckt.

2. Abschnitt

§ 15: Die Tübinger Schule als soziologische Jurisprudenz

Sowohl die Methodenlehre der Tübinger Schule als auch die der Freirechtslehre werden als „soziologische Jurisprudenz" bezeichnet[1], nicht nur von Außenstehenden, sondern auch von den Vertretern der Lehren selbst[2], und zwar deswegen, weil beiden eine soziologische Betrachtung der Rechtsordnung eigen ist. Die soziologische Betrachtungsweise des Rechts unterscheidet sich grundlegend von einer normativen Betrachtungsweise, wie sie z. B. die Begriffsjurisprudenz geübt hat. Eine rein normative Jurisprudenz hat zum einzigen Gegenstand ihrer Untersuchungen die rechtlichen Normen. Sie sieht ihre Aufgabe nur darin, die Normen geisteswissenschaftlich, d. h. logisch zu interpretieren[3]. Von einer derartigen rein normativen Betrachtungsweise geht z. B. auch die Reine Rechtslehre *Kelsens*[4] aus, deren Aufgabe sich in der Erkenntnis und Deutung des positiven Rechts begrenzt[5].

Die soziologische Betrachtungsweise des Rechts durch die Tübinger Schule begreift dagegen das Recht als eine soziologisch bedingte Verhaltensordnung, als ein „soziales Phänomen" und sieht, daß das Recht von den gegebenen sozialen Lebensverhältnissen abhängig ist[6]; denn die Tübinger Schule hat mit ihrer Ansicht, daß die Lebensinteressen kausal für die Rechtsgebote sind, erkannt, daß die gesellschaftliche

---

[44] *Rehbinder*, Max Weber, S. 470.
[1] Vgl. *Rehbinder*, KZfSS 16 (1964), 533; *Sauer*, System, S. 452 ff.; *Ross*, Theorie, S. 186 ff.
[2] Für die Tübinger Schule: *Rümelin*, Wandlungen, S. 58.
[3] Vgl. dazu kritisch *Forsthoff*, ZgesStW 96 (1936), 49.
[4] *Kelsen*, Hauptprobleme der Staatsrechtslehre, 2. Aufl., 1923; Reine Rechtslehre, 2. Aufl., 1960; Was ist die Reine Rechtslehre?, Festgabe für Giacometti, 1953, S. 143 ff.
[5] Vgl. *Henkel*, Rechtsphilosophie, S. 487.
[6] Die von *Ehrlich* ausgesprochene Meinung, daß die Existenz des Rechts in seinem Gelten beruht, teilt die Tübinger Schule nicht ausdrücklich.

Wirklichkeit das Recht schafft[7]. Sie hat sich damit einer „voraussetzungslosen Wirklichkeit"[8], der Wirklichkeit der Naturwissenschaften zugewandt. Der Ausdruck dieser voraussetzungslosen Wirklichkeit auf dem Gebiete des Privatrechts sind die Interessen. Daher ist der Tübinger Schule auch ein naturwissenschaftliches Denken eigen. Wissenschaftliches Denken im Sinne der Tübinger Schule ist deshalb ebenso wie in den Naturwissenschaften „nur abgesichertes, nachprüfbares und auf das Wiederholbare gerichtetes Denken"[9]. Die Beantwortung der Frage, inwieweit ein Denken in diesem Sinne für eine Jurisprudenz möglich ist, die hinter das Gesetz zurückgeht und sich der jeweiligen, voraussetzungslos gesehenen Wirklichkeit stellt, hängt davon ab, ob die Wirklichkeit des Menschen naturgesetzlich bestimmt und zwangsläufig wiederholbar ist. Diese Frage nach der Einmaligkeit oder Wiederkehr sozialer Vorgänge ist von der Soziologie dahingehend beantwortet worden, daß aus den Tatsachen und Vorgängen des Soziallebens statistische Gesetzmäßigkeiten gewonnen werden können[10]. Die Soziologie hat also die Richtigkeit des naturwissenschaftlichen Denkens der Tübinger Schule bestätigt.

Die Tübinger Schule wäre eine angewandte Rechtssoziologie[11], wenn man eine soziologische Jurisprudenz als eine solche angewandte Rechtssoziologie bezeichnen will. Diese ausdrückliche Gleichsetzung von soziologischer Jurisprudenz und angewandter Rechtssoziologie findet sich bei *Rehbinder*[12]. Seine Definition der angewandten Rechtssoziologie entspricht damit der Aufgabe, die sich die Tübinger Schule gestellt hat. Die Interessenforschung der Tübinger Schule sollte nach ihrer Ansicht eine soziologische Untersuchung des Rechtszustandes sein[13]. *Heck* spricht zwar nicht selbst von soziologischer Untersuchung, setzt aber die Begriffe „Interessenforschung" und „Rechtssoziologie" gleich[14]. Die Untersuchung, welche Interessen einem einen Interessenkonflikt entscheidenden Gesetzesgebot zugrunde liegen, ist eine empirische[15], was sich auch daraus ergibt, daß *Heck* sogar unter besonderen Umständen an der Gesetzgebung beteiligte Personen nach den dem Gesetz zugrunde

---

[7] Vgl. *Forsthoff*, ZgesStW 96 (1936), 69.
[8] Vgl. *Pawlowski*, NJW 1958, 1562.
[9] *Pawlowski*, NJW 1958, 1563.
[10] Vgl. *Hirsch*, Recht im soz. Ordnungsgefüge, S. 78 ff. und 317.
[11] *Eichler*, S. 924.
[12] *Rehbinder*, Begründung, S. 77; Llewellyn, S. 534; JZ 1965, 484.
[13] Vgl. *Herrfahrdt*, StudGen 7 (1954), 87, 91.
[14] *Heck*, Gesetzesauslegung, S. 311.
[15] Vgl. *Larenz*, Methodenlehre, S. 127. *Binder*, ZHR 100 (1934), 65 Anm. 59, spricht von den „für den Geist des Empirismus" charakteristischen Ausführungen Hecks.

liegenden Interessen befragen will[16]. Eine andere Definition der angewandten Rechtssoziologie als *Rehbinder* gibt allerdings *Hirsch*, der es als Aufgabe der angewandten bzw. praktischen Rechtssoziologie ansieht, „mit Hilfe der in ein System gebrachten wissenschaftlichen Ergebnisse", die durch die reine Rechtssoziologie gefunden werden, „jeden örtlich und zeitlich abgrenzbaren Zustand soziologisch zu untersuchen und geeignete Eingriffsmöglichkeiten, Wege und Mittel für beabsichtigte Änderungen anzugeben"[17]. Damit rückt er die angewandte Rechtssoziologie in die Nähe einer soziologisch ausgerichteten Rechtspolitik. *Krafts* Definition der angewandten Rechtssoziologie ähnelt der *Hirschs*. Nach ihm analysiert die angewandte Rechtssoziologie die positiven Rechtseinrichtungen in ihrer faktischen Vielfältigkeit als soziale Erscheinung „und entnimmt aus ihren Analysen Anweisungen für die zweckmäßigen Mittel ihrer gerechten Beeinflussung"[18]. Diese Begriffsbestimmung geht jedoch insoweit über die *Hirschs* hinaus, als *Kraft* in sie wertende Momente (gerecht!) hineinverwebt. Damit wird aber der Begriff der Soziologie überspannt, deren Kennzeichen es gerade ist, keine absoluten Wertmaßstäbe anzugeben. *Krafts* Definition würde daher besser auf den Begriff einer soziologisch und philosophisch ausgerichteten Rechtspolitik passen, was er auch dadurch einräumt, daß er die Begriffe „angewandte Rechtssoziologie" und „theoretische Rechtspolitik" für fast synonym hält. Von dieser Auffassung *Krafts* her wird es auch verständlich, warum er jede soziologische Jurisprudenz und damit — wenn auch nicht ausdrücklich — die Tübinger Schule nicht als eine angewandte Rechtssoziologie ansehen kann, denn die Tübinger Schule läßt einen autonomen Rechtswert nicht gelten[19].

III. Kapitel

Die Bedeutung der Tübinger Schule für die deutsche Rechtssoziologie

1. Abschnitt

§ 16: Ausdrückliche Stellungnahmen der deutschen Rechtssoziologen zur Tübinger Schule

In den bisher erschienenen rechtssoziologischen Bibliographien von *Rehbinder*[1] und *Trappe*[2] findet man zumindest einige Schriften der

---
[16] *Heck*, Gesetzesauslegung, S. 120.
[17] *Hirsch*, Recht im soz. Ordnungsgefüge, S. 322; vgl. auch *Hirsch-Rehbinder*, Studien und Materialien zur Rechtssoziologie, S. 15.
[18] *Kraft*, Rechtssoziologie, S. 477.
[19] *Wieacker*, Privatrechtsgeschichte, S. 341 f.

Tübinger Schule aufgeführt, wobei Rehbinder sie zu Recht nicht als rein rechtssoziologische, sondern als Arbeiten einer soziologischen Jurisprudenz erwähnt. Dennoch scheint sich ein unmittelbarer Einfluß der Tübinger Schule auf die Rechtssoziologie etwa an Hand von Zitaten kaum nachweisen zu lassen.

Heck selbst bedauert es, daß *Ehrlich* in seinen von ihm oft anerkannten Werken seinen Namen nie erwähnt[3]. Es ist in der Tat erstaunlich, daß nicht einmal in den juristischen, wenn schon nicht in den soziologischen Schriften *Ehrlichs* der Name eines der Vertreter der Tübinger Schule erscheint, da die Tübinger Schule sich mit *Ehrlich* in ihrem Kampf gegen die Begriffsjurisprudenz zwar ganz einig war, andererseits aber auch deutlich Stellung gegen die Freirechtslehre und damit auch gegen *Ehrlich* bezog[4], also sowohl Berührungspunkte als auch Gegensätze vorhanden waren, die eine wissenschaftliche Auseinandersetzung eigentlich sehr nahelegten.

Wenn dagegen *Kornfeld* den Namen *Hecks* nicht erwähnt, so ist das nicht verwunderlich, denn *Kornfelds* Werk[5] ist bereits 1911, also vor der ersten großen Abhandlung *Hecks*[6] erschienen.

Auch Max *Weber* nimmt zur Tübinger Schule nicht ausdrücklich Stellung. Erwähnenswert erscheint jedoch seine Auffassung von einer soziologischen Jurisprudenz. Es erscheint sehr merkwürdig, daß Max *Weber* anscheinend unglücklich über das Auftreten einiger Schulen der soziologischen Jurisprudenz ist. Er sieht den Typ des rational-formalen Rechts, den er als den richtigen ansieht, unter anderem auch durch „interne Standesideologien" der Juristen bedroht. Dadurch werde die juristische Präzision herabgesetzt[7]. Das gilt in erster Linie von der freien Rechtslehre, die *Weber* ausdrücklich anspricht, allerdings auch von der Tübinger Schule. Auch sie repräsentiert ja eine soziologische Richtung. Dennoch gilt sein Argwohn ihr nicht in demselben Maße. So schreibt er[8]: „Die moderne Rechtsquellenlehre hat ... den historistischen Begriff eines Willens des Gesetzgebers, der durch Studium der Entstehungsweise des Gesetzes zu ermitteln sei, zersetzt." Daß *Heck* gerade den Willen des Gesetzgebers berücksichtigt haben

---

[1] *Rehbinder*, KZfSS 1964, 545; jetzt noch weit umfassender in *Hirsch/Rehbinder*: Studien u. Materialien zur Rechtssoziologie, S. 373—412.
[2] *Trappe*, Anhang zu Geiger, Vorstudien, S. 421 ff.
[3] *Heck*, Begriffsbildung, S. 131 Anm. 1.
[4] z. B. *Heck*, Begriffsbildung, S. 9.
[5] *Kornfeld*, Soziale Machtverhältnisse.
[6] *Heck*, Gesetzesauslegung, 1914.
[7] *Weber*, Rechtssoziologie, S. 281.
[8] *Weber*, Rechtssoziologie, S. 282.

wollte, ist oben ausgeführt worden. Insofern dürfte also *Weber* gegen *Hecks* Lehre nichts einzuwenden haben.

Die Auffassung *Webers* vom Recht und seine Stellungnahme gegen die soziologische Jurisprudenz dürften daher rühren, daß *Weber* ursprünglich Jurist gewesen ist, ein Jurist, der in der Schule der Begriffsjurisprudenz aufgewachsen ist[9]. So versucht er auch, die Rechtssoziologie den dogmatisch-konstruktiven Systematisierungen der Juristen unterzuordnen[10].

Auch *Sinzheimer*, der erste Ordinarius am Amsterdamer Lehrstuhl für Rechtssoziologie, erwähnt in seinen Werken[11] keinen der Vertreter der Tübinger Schule.

Kantorowicz geht auf die Interessenjurisprudenz in seiner Rede „Rechtswissenschaft und Soziologie" ein und erwähnt dabei auch die Namen *Hecks* und *Rümelins*[12]. Seine Einstellung zur Tübinger Schule ist dabei aber sehr kritisch, was wohl auch dadurch zu erklären ist, daß zur Zeit der Abfassung der Rede im Jahre 1910 die große Arbeit *Hecks* über die Gesetzesauslegung noch nicht erschienen war.

Jerusalem wiederum geht auf die Interessenjurisprudenz in seiner „Soziologie des Rechts" mit keinem Wort ein. In der „Kritik der Rechtswissenschaft", einem allerdings nicht soziologischen Werk, befaßt er sich dagegen an mehreren Stellen kritisch mit der Interessenjurisprudenz sowie deren Vertretern *Heck* und *Stoll*[13].

Nußbaum erwähnt in dem Aufsatz „Ziele der Rechtstatsachenforschung" zwar die Freirechtslehre, nicht aber die Interessenjurisprudenz. In seinem Aufsatz „Die Rechtstatsachenforschung" nennt er an zwei Stellen[14] den Namen von *Heck*, läßt dabei aber eine Distanzierung von ihm fühlen, auf keinen Fall eine Verwandtschaft, wie man annehmen sollte, da *Heck* immer wieder eine Rechtstatsachenforschung forderte[15].

Auch *Geiger* erwähnt in seinen „Vorstudien zu einer Soziologie des Rechts" den Namen *Hecks* nicht. Das ist jedoch nicht verwunderlich, denn in seinem Vorwort zu diesem Werk erklärt *Geiger*, daß er mit voller Absicht nur eine „geringe Zahl von Fußnoten" verwende. Der

---

[9] *Rehbinder*, Max Weber, S. 482.
[10] *Gurvitch*, Grundzüge, S. 115.
[11] *Sinzheimer*, Das Problem des Menschen im Recht, 1933; Jüdische Klassiker der deutschen Rechtswissenschaft, 1938; Theorie der Gesetzgebung, 1948.
[12] *Kantorowicz*, Rechtswissenschaft und Soziologie, S. 130.
[13] *Jerusalem*, Kritik, S. 193; 164, 204.
[14] *Nußbaum*, AcP 154, 457, 464 Anm. 42.
[15] Auch in seiner Antrittsvorlesung, ZHR 76 (1915), 325, 331, setzt sich *Nußbaum* mit *Heck* auseinander, und zwar mit seinem Handelsrechtsbegriff.

Leser möge das jedoch „nicht als ein Eingeständnis mangelnder Vertrautheit des Verfassers mit der Literatur über die behandelten Gegenstände auffassen. Soweit die vorgetragenen Auffassungen durch Vorgänger beeinflußt sind, wird der sachkundige Leser die Berührungspunkte selbst feststellen"[16].

Ähnliches ist vom Werk *Hirschs* zu sagen. Der Charakter dieses Werks, das sich vorwiegend aus Reden und Aufsätzen zusammensetzt, verbietet es ihm, mehr Anmerkungen als unbedingt nötig zu verwenden. Hinzu kommt, daß er sich mit Fragen der Methodenlehre nur in seinen, mir sprachlich nicht zugänglichen türkischen Werken, insbesondere „Pratik Hukukla Metot" (Die Methode der Rechtsanwendung, 2. Aufl., Ankara 1948, S. 104 ff.), „Hukuk Felsefesi ve Hukuk Sosyolojisi Dersleri" (Vorlesungen über Rechtsphilosophie und Rechtssoziologie, Ankara 1949, S. 8 ff., 349 ff.), „Ticaret Hukuku Dersleri" (Lehrbuch des Handelsrechts, 3. Aufl., Istanbul 1948, S. 7 ff.) beschäftigt hat. In seinem, allerdings nicht soziologischen Aufsatz: „Zu einer ‚Methodenlehre der Rechtswissenschaft'[17]" nimmt *Hirsch* kurz und nur mittelbar zur Tübinger Schule Stellung, indem er sich gegen die scharfe Kritik *Larenz'* an der Interessenjurisprudenz wendet[18].

Rehbinder hat sich in seinem bisherigen Werk mit juristischen Methodenlehren nicht befaßt, außer mit der durch *Ehrlich* begründeten Freirechtslehre in seinen Schriften über *Ehrlich*[19]. Die Namen der Vertreter der Tübinger Schule und ihre Werke erscheinen allerdings als Repräsentanten einer soziologischen Jurisprudenz in seinem Aufsatz über die Entwicklung und den gegenwärtigen Stand der rechtssoziologischen Literatur[20].

Daß auch in den Arbeiten von *Fechner* sowie *Dahrendorf, König* und *Drath* die Tübinger Schule nicht erwähnt wird, bedarf kaum noch einer Erwähnung, erscheint jedenfalls nach allem nicht mehr verwunderlich. *Fechner* nimmt jedoch indirekt zur Interessenjurisprudenz Stellung, und zwar in einer Besprechung von *Müller-Erzbachs*: Die Rechtswissenschaft im Umbau[21].

Man könnte daher nach diesem ersten oberflächlichen Blick in die deutsche rechtssoziologische Literatur zu dem Schluß neigen, daß die Rechtssoziologie eigenartigerweise die Tübinger Schule, also eine juri-

---

[16] *Geiger*, Vorstudien, S. 40 f.
[17] *Hirsch*, JZ 1962, 329.
[18] *Hirsch*, JZ 1962, 331.
[19] z. B. *Rehbinder*, Begründung, S. 77 ff.
[20] *Rehbinder*, KZfSS 1964, 533.
[21] *Fechner*, AcP 151, 352 ff.

stische Methodenlehre, die sich um ein möglichst lebensnahes Recht bemühte, und mit Erfolg bemühte, überhaupt nicht kennt. Daß dieser Schluß trügt, soll im folgenden gezeigt werden.

2. Abschnitt

§ 17: Der Einfluß der Tübinger Schule auf die Rechtspraxis

Die Bedeutung der Tübinger Schule für die deutsche Rechtssoziologie läßt sich nur auf dem Umweg über eine Erkenntnis des Einflusses der Interessenjurisprudenz auf die dogmatische Rechtswissenschaft ganz ermessen.

Dieser Einfluß kann „kaum überschätzt werden"[1]. Während der Streit innerhalb der Rechtslehre um die richtige Methode vor allem in den ersten Jahren des 20. Jahrhunderts ausgetragen wurde und bald zu einem Sieg der Interessenjurisprudenz führte, wurde die Rechtsprechung anfangs durch diesen Streit nicht erschüttert. Die Denkwelt juristischer Begriffskunst war zu fest gefügt, als daß die soziologischen Theorien sie in eine Vertrauenskrise hätten bringen können[2]. Es bedurfte der politischen Erschütterungen der ersten Nachkriegszeit und ihrer „Justizkrise", um die Richter für die Anliegen einer Methodenkritik aufgeschlossen zu machen. So führte das Reichsgericht in einem Beschluß aus dem Jahre 1922[3] das „richterliche Recht" bereits als selbständige und ebenbürtige Rechtsquelle neben dem Gesetz auf: „Wenn das Gesetz versagt, tritt der Richter an die Stelle des Gesetzes im Einzelfall." Bekannt wurde vor allem die Aufwertungsrechtsprechung des Reichsgerichts nach der Inflationszeit[4], die mit Hilfe des § 242 BGB das Gefüge der begrifflichen Logik sprengte, so daß James *Goldschmidt*[5] von einer „Gesetzesdämmerung" sprach. Diese Phase der Zivilrechtsmethodik charakterisiert *Esser*[6] mit Recht „als die der Ablösung oder doch Auflockerung des begrifflich-logischen Argumentierens durch teleologisches Denken" und führt sie zutreffend auf die Tübinger Schule zurück.

Auch die Rechtsprechung des Bundesgerichtshofs arbeitet fast nur nach der Methode der Tübinger Schule. So führte z. B. der große

---

[1] *Larenz*, Methodenlehre, S. 48.
[2] Vgl. *Esser*, StudGen 1959, 97, 99.
[3] RG JW 1922, 910.
[4] Vgl. *Brüggemann*, JR 1963, 163.
[5] *Goldschmidt*, JW 1924, 425 ff.
[6] *Esser*, a.a.O.

Zivilsenat in der Entscheidung BGHZ 13, 360 ganz im Sinne der Interessenjurisprudenz aus:

„Umfaßt die Verbotsvorschrift Fallgestaltungen, die ersichtlich nicht bedacht sind und vernünftigerweise nicht so geregelt werden können, wie es der Wortlaut nahelegt, wirkt sich vielmehr die Verbotsvorschrift bei wortgetreuer Befolgung gerade zulasten desjenigen aus, den sie schützen will, so darf dem Richter eine Einschränkung nicht verwehrt sein, wenn er dabei dem Erfordernis der Rechtssicherheit Rechnung trägt und durch die Einschränkung eine Rechtsfolge herbeiführt, die mit den Wertungen und Interessenabwägungen des geltenden Rechts im Einklang steht."

Ähnlich heißt es in BGHZ 17, 266 (276):

„Auch gegenüber einem sprachlich eindeutigen Wortlaut muß eine Auslegung nach dem Sinn und Zweck des Gesetzes Platz greifen, wenn der zur Entscheidung stehende Interessenkonflikt bei Erlaß des Gesetzes noch nicht ins Auge gefaßt werden konnte, weil er erst durch die Veränderung der tatsächlichen Verhältnisse nach diesem Zeitpunkt in Erscheinung getreten ist... Jedem Gesetz liegt eine Interessenabwägung zugrunde, die in bestimmter Weise auf das soziale Leben einwirken will. Sollen neue Tatbestandsgruppen, die bei Erlaß des Gesetzes noch nicht bekannt waren, dem Gesetz eingeordnet werden, so ist zu prüfen, ob eine Gesetzesbestimmung, die ihrem buchstäblichen Sinn nach diesen neuen Sachverhalt erfaßt, auf ihn auch nach dem ihr zugrunde liegenden Rechtsgedanken angewendet werden kann. Auszugehen ist hierbei von dem Interessenkonflikt, den die fragliche Rechtsnorm vorfand, und dem Interessenausgleich, den sie herbeiführen wollte."

Die Interessenabwägung ist also von den Gerichten zu einem die ganze Rechtspraxis beherrschenden Grundsatz ausgebildet worden[7]. Daher ist *Larenz*[8] vorbehaltlos zuzustimmen, wenn er ausführt, der Interessenjurisprudenz sei in der deutschen Rechtspraxis ein ungewöhnlicher Erfolg beschieden gewesen, und sie habe mit der Zeit die Rechtsanwendung revolutioniert. Die Rechtsprechung hat sich mehr und mehr den Lebensvorgängen geöffnet, sie ist methodisch bewußter, freier, auch differenzierter geworden.

Dasselbe gilt von der Rechtswissenschaft, wenigstens auf dem Gebiet des Zivilrechts. Hier genügt es, die älteren Bearbeitungen des „*Enneccerus*" mit den heutigen Auflagen zu vergleichen. So heißt es z. B. in der 1913 erschienenen 6. Bearbeitung[9] des Lehrbuchs zwar ebenso

---

[7] Vgl. *Hubmann*, AcP 155, 88.
[8] *Larenz*, Methodenlehre, S. 58.
[9] Allgemeiner Teil, § 54 II, S. 125.

§ 17: Der Einfluß der Tübinger Schule auf die Rechtspraxis 59

wie heute[10]: „Sofern eine Vorschrift Fälle umfaßt oder Folgen herbeiführt, die vom Gesetzgeber nicht erkannt oder bedacht sind und sonst vernünftigerweise nicht in dieser Weise geordnet sein würden, sind wir berechtigt, das Gesetz nach dessen eigenen Grundgedanken und unter Berücksichtigung der Bedürfnisse und Erfahrungen des Lebens fortzuentwickeln." Nur in der neueren Auflage schließt sich der Satz an: „Entsprechendes gilt, wenn eine Wertung des anzuwendenden Gesetzes durch neueres Recht schlechthin überholt ist, mit der Maßgabe, daß die Rechtsfortbildung in erster Reihe auf der Grundlage des in der neuen gesetzlichen (gewohnheitsrechtlichen) Regelung enthaltenen Wertmaßstabes vorzunehmen ist."

Ganz selbstverständlich erscheint es auch, wenn heute in einer bekannten Wochenzeitung gewiß im Sinne der Tübinger Schule für den Rechtsunterricht an Schulen gefordert wird: „man sollte immer wieder einige grundlegende Erkenntnisse anvisieren: daß das Recht die Resultante aus den verschiedensten, oft höchst gegensätzlichen gesellschaftlichen Kräften und Interessen und daher notwendig kompliziert ist[11]."

Man kann also feststellen, daß die Tübinger Schule die praktischen Ziele, um die es ihr ja eigentlich ging, weitgehend erreicht hat.

Diesen durch die Tübinger Schule verursachten Wandel der Rechtspraxis haben fast alle deutschen Rechtssoziologen miterlebt, denn sie waren bis auf Dahrendorf und König entweder Juristen oder hatten eine juristische Vergangenheit[12]. Sie entstammen zum kleineren Teil der gleichen Generation wie *Heck* und *Rümelin*. *Ehrlich* ist 1862 geboren, also ein Jahr später als *Rümelin*, *Weber* im Jahre 1864, *Sinzheimer* 1875, *Kantorowicz* und *Nußbaum* 1877, *Jerusalem* 1883.

Der andere Teil der deutschen Rechtssoziologen ist eine Generation jünger, also wie *Stoll* etwa um die Jahrhundertwende geboren, und zwar *Geiger* im selben Jahre wie *Stoll* 1891, *Kraft* 1898, *Hirsch* und *Drath* 1902, *Fechner* 1903 und *Eichler* 1907. Lediglich *Rehbinder* ist erheblich jünger, er wurde 1935 geboren.

Die Älteren haben die Anfänge der soziologischen Jurisprudenz miterlebt oder, wie *Ehrlich* und *Kantorowicz*, mitgestaltet. Die Auseinandersetzung zwischen Begriffsjurisprudenz auf der einen und Interessenjurisprudenz sowie Freirechtslehre auf der anderen Seite beherrschte die juristischen Zeitschriften. Auch *Weber*, der bereits seit 1894 nicht mehr Rechtswissenschaft lehrte und 1899 seine Lehrtätigkeit

---

[10] Enneccerus-Nipperdey, 15. Auflage, 1959, § 59 I, S. 346.
[11] Hans Peter *Bull*, in: Die Zeit, Nr. 6/1968, S. 42.
[12] Zu dieser Unterscheidung vgl. *Rehbinder*, Max Weber, S. 470.

für fast 20 Jahre einstellte, wußte um den Streit, wie sich aus seiner oben erwähnten kritischen Stellungnahme gegenüber einer soziologischen Jurisprudenz ergibt.

Die um die Jahrhundertwende Geborenen haben diese Diskussion zwar nicht mehr miterlebt, sie genossen aber bereits eine interessenjuristisch ausgerichtete Ausbildung, denn in den Jahren zwischen 1920 und 1930 gab es, wie bereits ausgeführt, keine andere bedeutende Methodenlehre als die der Interessenjurisprudenz[13]. Erst etwa seit dem Jahre 1930 wurde die Tübinger Schule wieder angegriffen[14]. Das Wiedererwachen des Methodenstreits dürfte seinen Grund darin haben, daß *Heck* 1929 seinen „Grundriß des Schuldrechts" und 1930 den „Grundriß des Sachenrechts" veröffentlichte, in denen er im Anhang Thesen seiner Lehre verkündete, die in der von *Heck* gewählten prägnanten Kürze jetzt nach langer Ruhe wieder einigen Widerspruch hervorriefen[15]. In diesen Jahren trat auch die Gruppe der sogenannten „Neuhegelianer" mit *Binder*[16], *Larenz*[17] und *Schönfeld*[18] gegen den Positivismus und damit gegen die Tübinger Schule auf.

3. Abschnitt

Die genetische Interessentheorie in der deutschen Rechtssoziologie

§ 18: Der Begriff des Interesses

Autoren beider Gruppen der rechtssoziologischen Literatur haben sich mit dem Begriff des Interesses entweder ausdrücklich oder inzident befaßt. Die bereits erwähnten[1] *Helvetius*, *Bentham* und *Beneke* haben den Begriff des Interesses zwar als erste gebraucht, aber ihn in der rechtswissenschaftlichen Terminologie nicht durchzusetzen ver-

---

[13] *Esser*, Studium Generale 12 (1959), 97. Auch *Ulmer*, AcP 135 (1932), 218, spricht davon, daß „kein namhafter Rechtslehrer mehr" eine andere Methodenlehre vertrete und *Lehmann*, AcP 138 (1934), 95, spricht von der „Vorherrschaft" der Interessenjurisprudenz.

[14] z. B. von *Oertmann*, Interesse und Begriff in der Rechtswissenschaft, 1931.

[15] Vgl. *Ulmer*, AcP 135 (1932), 218; *Isay*, AcP 137 (1933), 33.

[16] *Binder*, Zur Lehre vom Rechtsbegriff, 1929; Die Freiheit als Recht, 1931.

[17] *Larenz*, Das Problem der Rechtsgeltung, 1929.

[18] *Schönfeld*, Der Traum des positiven Rechts, in: AcP 135 (1932), 1—66.

[1] Vgl. oben § 7, 1.

§ 18: Der Begriff des Interesses

mocht. Es war erst *Ihering*, der den Begriff in der Rechtswissenschaft bekanntgemacht hat, als er erklärte, daß subjektive Rechte „rechtlich geschützte, d. h. durch Klage geschützte Interessen" seien[2]. Dennoch blieb auch für ihn „der Zweckgedanke als Leitstern"[3]. Erst *Heck* hat das Wort „Interesse" zur Kennzeichnung seiner Methodenlehre verwendet, weil er im Gegensatz zu der sogenannten Konstruktionsjurisprudenz nicht die Konstruktion von Begriffen, sondern die Wertung von Interessen in den Vordergrund stellte[4]. Er hat das Wort „Interessenjurisprudenz" als erster gebraucht[5]. Daher ist die Auffassung *Essers*[6], der *Ihering* als „ersten Interessenjuristen" nennt, nicht zutreffend. Man kann ihn lediglich als „Vater der Interessenjurisprudenz"[7] bezeichnen.

So ist es nur bedingt richtig, wenn *Geiger* besonders *Ihering* erwähnt, der „dem Begriff des rechtlich geschützten Interesses einen zentralen Platz eingeräumt" habe[8]. *Geigers* Ausführungen über den Begriff des Interesses lassen erkennen, daß er zwar den Namen *Iherings* erwähnt, aber in Wirklichkeit die Interessenjurisprudenz der Tübinger Schule meint.

Sobald also die deutsche Rechtssoziologie den Begriff des Interesses erörtert, nimmt sie gleichzeitig indirekt zur Tübinger Schule Stellung, teils kritisch[9], teils zustimmend[10]. Das gilt auch dann, wenn sie, wie es meist geschehen ist, die Interessenjurisprudenz oder ihre Vertreter namentlich gar nicht erwähnt[11].

Ehrlich gebrauchte in seiner 1913 erschienenen „Grundlegung" den Begriff des Interesses fast nicht, obwohl er auch ihm damals schon sehr geläufig war, denn er erwähnt das „in der Gegenwart so erfolgreiche Schlagwort von der Interessenabwägung"[12]. Vier Jahre später,

---

[2] *Ihering*, Geist des römischen Rechts, III, § 60, S. 327.
[3] *Ihering*, Besitzwille, S. 538. *Binder*, ZHR 100 (1934), 6, meint, daß Ihering keinen wirklichen Einfluß auf die Rechtswissenschaft gehabt habe.
[4] Wenn *Heck* in seiner 1888 fertiggestellten Habilitationsschrift „Das Recht der großen Haverei" und den darauffolgenden Veröffentlichungen ZHR 37 (1890), 277, 278; ABR 4 (1890), 17; ZHR 38 (1891), 305, 306, das Wort „Interesse" gebraucht hat, so handelte es sich um den seit Jahrhunderten im Seerecht und Seeversicherungsrecht bekannten Interessenbegriff.
[5] *Heck*, Interessenjurisprudenz und Gesetzestreue, DJZ 1905, 1139. Vgl. dazu *Edelmann*, S. 13.
[6] *Esser*, Grundsatz und Norm, S. 222.
[7] So *Erik Wolf*, Rechtsdenker, S. 630; vgl. auch *Edelmann*, S. 28.
[8] *Geiger*, Vorstudien, S. 161.
[9] z. B. *Kantorowicz*, Rechtswissenschaft und Soziologie, S. 18.
[10] *Geiger*, a.a.O.
[11] Vgl. oben § 16.
[12] *Ehrlich*, Grundlegung, S. 162.

in seinem Werk „Die juristische Logik", verwendet er die Begriffe „Interesse, Interessengegensatz und Interessenkonflikt" selbst sehr häufig[13], was beweist, daß diese „Schlagworte" bei ihm selbst ihren Erfolg nicht verfehlt haben. Er ist der Ansicht, daß das Gesetz „die Resultante gesellschaftlicher Kräfte" sei, womit er genau dem den Naturwissenschaften entlehnten Beispiel *Hecks* folgt[14]. Das beweist, daß die genetische Interessentheorie nicht ohne Einfluß auf *Ehrlich* geblieben ist. Die Übernahme von *Hecks* Beispiel und der im Gegensatz zu seinen früheren Schriften häufige Gebrauch des Wortes „Interesse" lassen dabei einen Einfluß *Hecks* vermuten. Dieser ist jedenfalls wahrscheinlicher als der Einfluß Lorenz *von Steins*, der schon 1876 eine genetische Interessentheorie aufgestellt hat[15]; dieser blieb jedoch im Gegensatz zur Interessenjurisprudenz der Tübinger Schule die Gefolgschaft versagt. Bei dem Gebrauch des Wortes „Interesse" hat *Ehrlich* allerdings meist die Definition *Rümelins* im Auge, die später, wie oben ausgeführt[16], auch *Stoll* verwendete, denn *Ehrlich* erklärt, daß „die rechtliche Bestimmung von Gütern für menschliche Bedürfnisse in der neuen deutschen Rechtswissenschaft mit dem Ausdruck ‚Interesse' bezeichnet" werde[17]. Rechtssoziologischer Untersuchung nähergebracht hat *Ehrlich* den Begriff des Interesses freilich nicht.

Das gilt in gleicher Weise von *Kornfeld*. Auch er verwendet den Begriff des Interesses häufig[18], daneben allerdings das Wort „Zweck"[19], wenn auch in teilweise anderer Bedeutung[20].

Auch *Weber* gebraucht das Wort „Interesse", zum Teil im Sinne *Rümelins* als Bewertungsobjekt des Gesetzes[21], zum Teil wohl im Sinne der genetischen Interessentheorie *Hecks*. Zumindest kommt *Weber* dieser Theorie sehr nahe, wenn er als „primäre Quelle der Rechtsnormbildung" die zweckrationale Vereinbarung der Interessenten zur Abgrenzung ihrer Interessensphären nennt[22].

Kantorowicz erwähnt das „so viel gehörte Schlagwort der Interessenwägung"[23] unter ausdrücklicher Bezugnahme auf *Heck* und *Rüme-*

---

[13] Vgl. z. B. S. 127 f., 170, 180 f., 187, 189 ff., 196, 201 f., 213, 215, 240, 244, 251, 257, 267 f., 270, 278.
[14] Vgl. oben § 7, 1.
[15] Vgl. dazu *Edelmann*, S. 64 f.
[16] Vgl. oben § 7, 1.
[17] *Ehrlich*, Logik, S. 127.
[18] Vgl. z. B. Soziale Machtverhältnisse, S. 22, 36, 38 f., 107 f., 340.
[19] z. B. a.a.O., S. 20 f.
[20] z. B. in der Zusammensetzung „Rechtszweck", S. 22.
[21] Vgl. z. B. Rechtssoziologie, S. 105.
[22] a.a.O., S. 179.
[23] Rechtswissenschaft und Soziologie, S. 17.

§ 18: Der Begriff des Interesses

lin, scheint aber die Ansicht der Tübinger Schule mißverstanden zu haben. Er glaubt, die Vertreter der Interessenjurisprudenz meinten nur eine Art Interessentenwägung. „Aber auch die beiden dann gegebenen Möglichkeiten" seien „abzulehnen"[24]. Die beiden Möglichkeiten sollen der generelle Vorzug des sozial Schwächeren und der generelle Vorzug des sozial Stärkeren sein. Als „richtige Antwort" wird gegenübergestellt: „die Beurteilung der Interessen daraufhin, inwieweit die Förderung des einen oder des anderen den Zwecken der Rechtsordnung gemäß sei"[25]. Die der Tübinger Schule zugeschriebene „Interessentenabwägung" findet sich dort aber an keiner Stelle. Vielmehr hat die Tübinger Schule die von *Kantorowicz* als richtig bezeichnete Ansicht selbst vertreten[26], wobei allerdings *Heck*, da er auch die Werte als Interessen bezeichnete, nur unklar die Maßstäbe angab, nach denen die Interessenabwägung vorgenommen werden sollte, teilweise im Gegensatz zu *Kantorowicz*, der als erster deutlich aussprach, daß die Interessenabwägung nach der Interessenqualität[27] vorgenommen werden müsse[28].

Jerusalem verwendet den Begriff des Interesses nicht. Im Mittelpunkt seiner Erörterungen steht die „lebendige Energie"[29], die „zum Teil als Wille ins Bewußtsein tritt, daneben auch als leises Weben, als traumhaftes Verdämmern erscheint"[30]. Diese „lebendige Energie" ist nichts anderes als die „geheimnisvolle Macht"[31], welche die Begehrungstendenzen im Menschen hervorruft, die *Heck* als Interessen bezeichnet, mit einem Ausdruck also, der *Jerusalem* von seinem Standpunkt aus zu nüchtern und materialistisch erscheinen mußte, darüber hinaus auch zu individualistisch, wie er es der Tübinger Schule ausdrücklich vorwirft[32].

Daß sich in der genetischen Interessentheorie eine materialistische Weltauffassung ausdrückt, ist bereits erwähnt worden[33]; es erscheint jedoch unberechtigt, daß diese Ansicht meist als Vorwurf ausgesprochen und auch von der Tübinger Schule so verstanden wurde. Die von ihr geforderte Interessenforschung ist auf dem Gebiete des das Vermögensrecht regelnden Privatrechts nämlich gleichbedeutend mit einer

---

[24] a.a.O., S. 19.
[25] *Kantorowicz*, a.a.O., S. 21.
[26] Vgl. *Heck*, Rechtsgewinnung, S. 31.
[27] Zu diesem Begriff vgl. unten § 19.
[28] *Kantorowicz*, a.a.O., S. 20/21.
[29] Soziologie des Rechts, S. 1.
[30] *Jerusalem*, a.a.O., S. 4.
[31] *Jerusalem*, a.a.O., S. 1.
[32] *Jerusalem*, Kritik, S. 462 ff.
[33] Vgl. oben § 7, 1.

ökonomischen Analyse der Rechtserscheinungen. Diese Analyse übernimmt, wie *Kraft*[34] gezeigt hat, „von der materialistischen Geschichtsauffassung den Gesichtspunkt, die Rechtserscheinungen im Zusammenhang mit den ökonomischen Erscheinungen zu betrachten". Die Überzeugung von der Verbindung der „sozialen Rechtsrealität"[35] mit der jeweiligen Wirtschaftsordnung, der die genetische Interessentheorie bereits Ausdruck gab, ist in der Rechtssoziologie bereits eine Selbstverständlichkeit geworden.

Am Anfang dieses Kapitels wurde bereits darauf hingewiesen, daß auch *Geiger* sich mit dem Begriff des Interesses befaßt hat[36]. Er wendet sich zunächst gegen eine Mißdeutung des Wortes „Interesse" durch die „Uppsala-Juridik", insbesondere durch *Lundstedt*, der den Begriff des Interesses so auffassen zu müssen glaubte, als gäbe es *rechtliche* Interessen vor und unabhängig von jedem positiven Recht[37]. Zu dieser falschen Definition des Interesses gelangt, mußte *Lundstedt* die Interessenjurisprudenz — er nennt nur *Ihering* — ablehnen und findet dabei den Beifall *Geigers*, nach dessen Ansicht „heutzutage sogar die Juristen hinreichend vom Realismus beleckt" seien, „um zu verstehen, daß es kein rechtliches Interesse vor der positiven Rechtsordnung gibt, daß subjektives Recht eben nichts anderes sein kann, als die durch die positive Rechtsordnung gesicherte günstige Position"[38]. *Geiger* versteht jedoch den Begriff des Interesses im Gegensatz zu *Lundstedt* in dem Sinn, den ihm die Tübinger Schule zu geben versuchte.

Ein subjektives Recht als positiv-rechtlich geschütztes Interesse zu bestimmen, sei „sehr wohl ohne alle naturrechtlich-metaphysischen Hintergedanken möglich". Soweit das Handeln oder Unterlassen anderer das natürliche Interesse einer Person verwirklichen helfe oder zuschanden mache, *könne* die positive Rechtsordnung dem Interessierten gewisse Positionen sichern. Insofern werde „das natürliche Interesse zum rechtlich geschützten"[39]. Es sei auch kein Argument gegen den Gedanken vor jedem positiven Recht gegebener Interessen, „daß es keine objektiven Maßstäbe für die Schutzbedürftigkeit und Schutzwürdigkeit natürlicher Interessen gebe, die Entscheidung vielmehr in

---

[34] *Kraft*, Rechtssoziologie, S. 475.
[35] *Kraft*, Rechtssoziologie, S. 474.
[36] *Geiger*, Vorstudien, S. 161—166.
[37] *Lundstedt*, Die Unwissenschaftlichkeit der Rechtswissenschaft, 1932, S. 97. Eine ähnliche Definition des Begriffs „Interesse" meint auch *Honigswald*, AcP 148 (1934), 1 (6). Dagegen bereits *Heck*, Analyse, S. 134.
[38] *Geiger*, Vorstudien, S. 162.
[39] *Geiger*, a.a.O., S. 163. So bereits *Heck*, Analyse, S. 134 f., der ausführt, die Interessen werden „nicht erst durch den Rechtsschutz geschaffen, sie sind in der Regel vor dem Schutze vorhanden und bleiben bestehen, auch wenn ihnen der rechtliche Schutz versagt wird".

§ 18: Der Begriff des Interesses

der positiven Rechtsordnung selbst liege"[40]. Jedesmal, wenn eine neue positive Rechtsnorm statuiert werde, nehme die Rechtsordnung ein bisher rechtsschutzloses Interesse unter ihren Schutz, und zwar durch die moderne Gesetzgebung sowie durch richterliche Rechtsfortbildung aufgrund von Überlegungen hinsichtlich der Schutzwürdigkeit dieser Interessen.

Außerdem nimmt *Geiger* die Tübinger Schule gegen die Kritiker in Schutz, die ihr vorgeworfen haben, sie gebe keinen objektiven Maßstab für die Interessenbewertung. Er spricht das ausdrücklich aus, was *Heck*, *Rümelin* und *Stoll* aus Furcht vor dem „Vorwurf" des Wertnihilismus nicht zu sagen wagten, obwohl sie davon ausgingen, daß es nämlich einen objektiven Maßstab für die Beurteilung der Schutzwürdigkeit nicht gebe. Allerdings bedürfe es dessen auch gar nicht. Das natürliche Interesse melde sich — „als politisch-soziale Forderung der Interessenten — und die Instanzen der Rechts-Neubildung beantworten die Frage seiner Schutzwürdigkeit durch gesetzgeberische oder richterliche Honorierung oder Abweisung der Forderung. Haben sie auch keinen objektiven Maßstab, so doch einen Maßstab: den politisch-sozialen"[41].

Diese Auffassung *Geigers* läßt erkennen, daß er, der zwar den Begriff des rechtlich geschützten Interesses für entbehrlich hält[42], dem Begriff des natürlichen Interesses, das unabhängig von und vor der Rechtsordnung besteht, einen wichtigen Platz in seinem Werk einräumt. Er stellte als erster ausdrücklich dem Begriff des natürlichen Interesses den Begriff des rechtlich geschützten Interesses, d. h. des subjektiven Rechts gegenüber. Er machte damit das verständlich, was den Vertretern der Tübinger Schule noch recht unklar vorschwebte, wenn sie Interessenseite und Gebotseite des Rechts unterschieden. Die Interessenseite stellt die natürlichen Interessen dar, also das, wonach die Soziologen fragen. Man kann die Interessenseite daher auch als die Tatsachenseite des Rechts ansehen. Die Gebotseite hingegen ist nur für die Rechtsdogmatik relevant, also für die reine Rechtsfrage, die sich mit der Feststellung begnügt, daß eine gegebene positive Rechtsordnung irgendwelche natürlichen Interessen im Hinblick auf dieses oder jenes Objekt garantiert, „diesen oder jenen Personen die eine oder andere günstige Position gewährleistet"[43].

Neben dieser Auffassung *Geigers* vom Interesse als dem Bewertungsobjekt der Rechtsordnung finden sich auch Anklänge an die „geneti-

---

[40] *Geiger*, a.a.O., S. 164.
[41] *Geiger*, a.a.O., S. 165.
[42] *Geiger*, a.a.O., S. 164.
[43] *Geiger*, a.a.O.

sche Interessentheorie" *Hecks:* „Interessen, die schon bisher bestanden haben, aber des Schutzes weder würdig noch bedürftig erschienen, werden in einer neuen Phase der sozialen Entwicklung als schutzbedürftig erachtet, sei es, daß sie in neue gesellschaftliche Realzusammenhänge eingehen, in denen ihre Bedeutung sich ändert, sei es, daß die interessierten Gesellschaftsschichten einen Machtzuwachs erfahren haben, dem die Rechtsordnung sich beugen muß[44]."

Daß diese „genetische Interessentheorie" sehr klar die soziale Wirklichkeit erkannt hat, ist auch an einem Beispiel zu sehen, das *Kraft* gibt[45]. Er nennt z. B. die seit Jahrzehnten diskutierte deutsche Strafrechtsreform: „Der Kampf um die Formulierung bestimmter Deliktstatbestände und bestimmter Rechtsfolgen setzt mit vermehrter Heftigkeit, und zwar unter Beteiligung außerparlamentarischer Gruppen (Juristen, Soziologen, Mediziner, Journalisten) ein. Sein Ergebnis wird ein Spiegelbild des Bildungsstandes, der *Interessenlage* (Hervorhebung vom Verfasser), der Willensenergie und schließlich der äußeren Beeinflussungsmittel jener Personenkreise sein: das Parallelogramm bestimmter Kräfte eines sozialen Zustandes." Der „interindividuelle Kampf" der „außerrechtlichen Interessen" sei ein Motor, der die Rechtsbildung in Bewegung setze[46], nach *Krafts* Ansicht allerdings nicht der einzige Motor.

In dem Versuch, das subjektive Recht aus dem Interesse abzuleiten, sei ein „rechtssoziologisch positiv auswertbarer Kern" enthalten: und zwar die Feststellung eines Systems von Interessenelementen, „das sich an den Rechtseinrichtungen deskriptiv nachweisen" lasse, und dessen theoretische Einordnung ein Hauptproblem der reinen Rechtssoziologie sei[47].

Während die genetische Interessentheorie der sonstigen Rechtswissenschaft sehr suspekt erscheint[48], ist sie für die heutigen Rechtssoziologen zu einer Selbstverständlichkeit geworden. Wenn *Hirsch* im Jahre 1958 bezüglich der Urheberrechtsreform ausführte, daß die Reform nicht zustande komme, weil der Widerstreit der Interessen „so vielschichtig geworden" sei und sich auf so viele Fragen beziehe, „daß die vorläufige Wertentscheidung der Regierung in einem Regierungsentwurf und die endgültige Wertentscheidung im Parlament diese oder jene Interessengruppe, vielleicht sogar alle, durch eine nicht zu umgehende Kompromißlösung, wenn nicht vor den Kopf stoßen, so

---

[44] *Geiger,* Vorstudien, S. 165.
[45] *Kraft,* Rechtssoziologie, S. 468 ff.
[46] *Kraft,* a.a.O., S. 471.
[47] *Kraft,* a.a.O., S. 471.
[48] Vgl. z. B. *Larenz,* Methodenlehre, S. 50 f.

doch mehr oder minder empfindlich enttäuschen" müsse[49], so ergibt sich insoweit eine Übereinstimmung mit der Theorie Hecks. Sein der Naturwissenschaft entlehntes Beispiel von der Kraftdiagonale paßt genau auf das von Hirsch erwähnte Beispiel eines Interessenwiderstreits. In Hirschs Beispiel stellen die Interessen nicht, wie in einem Fall, in dem es zur Gesetzgebung kommt, ein „Parallelogramm der Kräfte"[50] (Interessen) dar, vielmehr sind die einzelnen Kräfte in verschiedenen Ebenen einander z. T. entgegengesetzt, so daß sich eine Resultante oder Kraftdiagonale nicht finden läßt. Ein dennoch vorgenommener, notwendiger „Ausgleich" der Kräfte kann mithin nur „gewaltsam", d. h. unter Unterdrückung einer Interessentengruppe, vorgenommen werden, oder er muß so lange ausbleiben, bis eine Interessengruppe einen Machtzuwachs erfährt, ihre „Kraft" daher stärker wird und so eine Resultante ermöglicht.

Das in der genetischen Interessentheorie der Tübinger Schule zum Ausdruck kommende „vordergründige und deskriptive"[51] Kausalitätsprinzip, d. h. die Vorstellung einer strengen Verknüpfung von Ursache und Wirkung, mußte die moderne Rechtssoziologie jedoch auf Grund inzwischen entstandener naturwissenschaftlicher Erkenntnisse, z. B. der Quantenmechanik, der Ungewißheitsrelation u. dgl., modifizieren. In der modernen Wissenschaft wird daher der Ursachenbegriff durch den Funktionsbegriff ersetzt. Funktion in dem hier gemeinten Sinne bedeutet ein Abhängigkeitsverhältnis zwischen Größen derart, daß die Veränderung der einen Größe notwendig eine Änderung der anderen zur Folge hat, jedoch nicht in dem Sinn einer Art von naturalem oder sozialem Band, das Ursache und Wirkung miteinander real verbindet. In der Soziologie kann man das Abhängigkeitsverhältnis nur durch statistische Feststellungen über die größere oder geringere Häufigkeit des Eintritts von Reaktionen bei Vorliegen gewisser sozialer Tatbestände erkennen[52]. Hirsch hat daher zutreffend das Recht als eine Funktion des Soziallebens bezeichnet[53]. Das bedeutet, daß Veränderungen des Soziallebens eine Änderung des lebenden Rechts notwendig zur Folge haben.

---

[49] Hirsch, Recht im soz. Ordnungsgefüge, S. 200 Anm. 14.
[50] Dieses Bild gebraucht auch Hirsch, Recht im sozialen Ordnungsgefüge, S. 340.
[51] So Rehbinder, Begründung, S. 98, bezüglich des auch Ehrlichs soziologischer Rechtstheorie zugrunde liegenden Kausalitätsdenkens.
[52] Vgl. Richard Schmid, Die Zeit, Nr. 27/1967, S. 34, und zum Funktionsbegriff in der neueren Rechtssoziologie allgemein die Dissertation von Tiemeyer, Berlin 1968.
[53] Hirsch, Recht im sozialen Ordnungsgefüge, S. 340.

§ 19: Die Prinzipien der Interessenabwägung

Die deutsche Rechtssoziologie, die den von der Tübinger Schule zum Allgemeingut der Rechtswissenschaft gemachten Begriff des Interesses in ihre Erörterungen mit aufgenommen hat, hat sich auch dazu erklärt, nach welchen Prinzipien die Interessenabwägung vorgenommen werde.

Die Wertungsprinzipien der Tübinger Schule sind bereits[1] angedeutet worden. Sie ergeben sich aus der genetischen Interessentheorie, wie sie sich im Parallelogramm der Interessen ausdrückt. Dieses zeigt, daß eine Abwägung der Interessen nach der Quantität der genetischen Interessentheorie voll entspricht. Ob eine Abwägung nach der Qualität dieser Theorie entspricht, hat die Tübinger Schule dagegen nicht klar erklärt. Das ist darauf zurückzuführen, daß sie das Wertungsprinzip selbst „zu einem Interesseninhalt"[2] gemacht hat. Erst neuere rechtssoziologische Untersuchungen lassen erkennen, daß auch eine Abwägung nach der Qualität der genetischen Interessentheorie entspricht.

Hervorgehoben werden soll hier noch einmal, daß hierbei zunächst die Interessenabwägung durch den Gesetzgeber gemeint ist, im Sinne der Definition *Edelmanns*[3] also die „ursprüngliche Jurisprudenz", denn die genetische Interessentheorie der Tübinger Schule meint im Gegensatz zur produktiven Interessentheorie nur die Rechtsetzung, nicht die Rechtsanwendung. Daß sich aufgrund der Prinzipien, die der Gesetzgeber bei der Interessenabwägung anwendet, auch Auswirkungen auf die Rechtsanwendung zeigen, ist eine selbstverständliche Folge.

Es ist bereits[4] erwähnt worden, daß die Abwägung nach der Interessenquantität eine Abwägung der Machtverhältnisse darstellt, denn die Quantität, d. h. die Stärke des Interesses, hängt von der Macht des Interessenten ab. Dazu soll später[5] Näheres ausgeführt werden.

Zur Frage der Abwägung der Interessen nach der Qualität hat sich wohl als erster *Kantorowicz*[6] geäußert, und zwar im Jahre 1910, also zu einer Zeit, als *Hecks* erste größere methodische Schriften[7] noch gar nicht erschienen waren. *Kantorowicz'* Ausführungen betreffen zwar in erster Linie die Rechtsanwendung, sind aber, was die hier interessie-

---

[1] Vgl. oben § 7, 2.
[2] *Schmidt-Rimpler*, AcP 151, 489 f.
[3] *Edelmann*, S. 55. Vgl. auch oben § 7, 1.
[4] Vgl. oben § 7, 1.
[5] Vgl. unten § 20.
[6] *Kantorowicz*, Rechtswissenschaft und Soziologie, S. 17 ff.
[7] *Heck*, Problem der Rechtsgewinnung, 1912; Gesetzesauslegung und Interessenjurisprudenz, 1914.

§ 19: Die Prinzipien der Interessenabwägung

rende Abwägung nach der Interessenqualität angeht, auch für die Rechtsetzung zu verwenden. Seine Äußerungen zur Abwägung nach der Interessenquantität oder, wie er sie nennt, Interessenvergleichung, sind dagegen für unsere Fragestellung nicht brauchbar, denn er erwähnt zwar das Verhältnis von Recht und Macht, macht dazu aber keine näheren Ausführungen, jedenfalls nicht, was die Rechtsentstehung angeht.

Bei der Abwägung nach der Interessenqualität, oder, wie sie von ihm genannt wird, bei der Interessenbeurteilung[8] hat *Kantorowicz* richtig erkannt, daß diese Abwägung nur im Vergleich zu einer dritten Größe, einem tertium comparationis, vorgenommen werden könne. Solche Größe könne „nur ein Wert, ein Kulturwert sein, da sonst nicht zu entscheiden wäre, welches Interesse das wertvollere und also das zu bevorzugende ist". Dieser Kulturwert sei „die Gesamtheit der von einer bestimmten Rechtsordnung verfolgten Zwecke"[9]. An diesem Kulturwert müsse sich auch die Rechtssoziologie orientieren. „Diese Beziehung der konkreten Interessenlage auf den maßgebenden Kulturwert der Rechtszwecke" werde nicht am Einzelfall, sondern nur durch eine Betrachtung erkannt, die „von den Zufälligkeiten der Sachlage" absehe und den Fall „in seiner typischen, sozialen Bedeutung" erfasse. Das sei nur auf dem Wege soziologischer Erkenntnis möglich.

Wie man den „maßgebenden Kulturwert" zu ermitteln habe, erklärt *Kantorowicz* jedoch nicht. Die Definition dieses Kulturwerts: „die Gesamtheit der von einer bestimmten Rechtsordnung verfolgten Zwecke" ist viel zu unbestimmt, als daß man aus ihr den „Kulturwert" erkennen könnte. Diese „Gesamtheit" ist nicht bestimmbar. Dies soll am aktuellen Beispiel der Gesetzgebung bezüglich der Rechtsstellung der unehelichen Kinder, insbesondere an der Frage, ob der Mutter die elterliche Gewalt oder dem Jugendamt die Vormundschaft über das uneheliche Kind zustehen solle, gezeigt werden. Als sich gegenüberstehende Interessen könnte man hier bezeichnen: einerseits das Interesse der Mutter, selbst die volle Verantwortung für ihr Kind zu tragen, andererseits das Interesse der Allgemeinheit, die Verantwortung für das Kind in den „sicheren Händen" des Jugendamtes zu wissen. Eine Beurteilung dieser Interessen daraufhin, „inwieweit die Förderung des einen oder des anderen den Zwecken der Rechtsordnung gemäß ist", ist nicht möglich. Die Zwecke der Rechtsordnung sind nämlich sehr unterschiedlich. Es gibt keinen über allen stehenden Zweck, auf den hin die gesamte Rechtsordnung ausgerichtet ist, und selbst wenn man in unserer Rechtsordnung die Würde des Menschen (Art. 1 Abs. 1

---

[8] *Kantorowicz*, Rechtswissenschaft u. Soziologie, S. 21.
[9] *Kantorowicz*, Rechtswissenschaft u. Soziologie, S. 21.

Satz 1 GG) als einen solchen „Zweck" ansehen wollte, könnte man unterschiedlicher Auffassung darüber sein, ob die Lösung des erwähn-Interessenkonfliktes zugunsten der Mutter oder zugunsten des Jugendamtes dieser Würde des Menschen mehr entspricht.

Die Lösung eines Interessenkonfliktes auf Grund einer Abwägung nach der Interessenqualität muß daher nach anderen, konkreteren Kriterien vorgenommen werden. Es ist bereits ausgeführt worden[10], daß eine Interessenabwägung anhand der Qualität eine „Abwägung der erstrebten Wertmanifestationen"[11], die man auch Güter nennen kann, bedeutet. Es ist hier also streng zwischen den Begriffen „Gut" und „Wert" zu unterscheiden. Dabei hat sich eine Ausdrucksweise durchgesetzt, die unter dem Begriff des Wertes den abstrakten Wert, d. h. „die Wertidee, die als Maßstab für Werturteile dient"[12], versteht. Wenn der Begriff „Wert" einen Sinn haben soll, darf er nämlich nicht mit dem Objekt der Wertung identisch sein. Das Wertobjekt dagegen bezeichnet man mit dem Ausdruck „Gut"[13].

Anhand eines Schaubildes läßt sich die Beziehung der drei Begriffe „Interesse, Gut und Wert" etwa wie folgt darstellen:

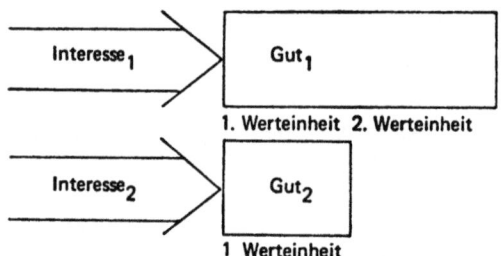

Miteinander kollidierende Güter können also auf Grund eines beiden Gütern gemeinsamen Wertmaßstabes — im Schaubild ist dies ein mathematischer — gegeneinander abgewogen werden. Schwierig wird die Bewertung aber dann, wenn ganz verschiedene Güter miteinander verglichen werden, z. B. der Gewerbebetrieb mit der Meinungs- und Pressefreiheit, ein Problem, das sich bei Eingriffen in das Recht am eingerichteten und ausgeübten Gewerbebetrieb durch eine Pressemeldung immer wieder ergibt und auch den Bundesgerichtshof des

---

[10] Vgl. oben § 7, 2.
[11] Vgl. *Rehbinder*, Öffentliche Aufgabe, S. 62.
[12] *Rehbinder*, a.a.O.
[13] *Rehbinder*, Öffentliche Aufgabe, S. 63. *Isay*, AcP 137 (1933), 33 (45), hat richtig erkannt, daß der Tübinger Schule „die Unterscheidung zwischen einem Wert und einem Gut" fehle.

öfteren beschäftigt hat[14]. Man spricht in solchen Fällen von inkommensurablen Gütern. Daß trotz dieser mangelnden Vergleichsmöglichkeit hier eine Güterabwägung vorgenommen werden kann, hat *Rehbinder*[15] ausgeführt. Er hat an die Stelle der apriorischen eine empirische Wertlehre gesetzt. Nach dieser ist die Rangordnung der Werte auf soziologischer Grundlage zu ermitteln.

Die aprioristische Wertlehre geht davon aus, daß es „absolute und apriorische, d. h. dem Sozialleben quasi vorgegebene moralische Werte"[16] gebe. Diese Lehre, auch materiale Wertethik genannt, wird in neuerer Zeit vor allem von Max *Scheler*[17] und Nicolai *Hartmann*[18] vertreten. Ihr hat sich der Bundesgerichtshof in mehreren Entscheidungen angeschlossen[19]. Die durch den zweiten Weltkrieg tief erschütterten Grundlagen unserer Gesellschaft, die „Umwertung von Werten"[20], die bis dahin als selbstverständlich angenommen wurden, die Labilität des sozialen Gleichgewichts und schließlich der partielle Zusammenbruch des Völkerrechts mögen als verursachende Faktoren des psychologischen Bedürfnisses einer Orientierung an absoluten Werten anzusehen sein. Daher hat auch der Naturrechtsgedanke nach 1945 einen neuen Aufschwung erlebt.

Von einer ganz anderen Seite ist in neuerer Zeit der sich in der empirischen Wertlehre ausdrückende Positivismus angegriffen worden. Für den augenblicklich im Zentrum der gesellschaftskritischen und politischen Diskussion stehenden Philosophen Herbert *Marcuse* ist der Positivismus eine „geistige Gefahr"[21]. Er sei ein „eindimensionales" und der „Repression" dienendes Denken, das keine Lösungen anstrebe und suche, „die über die bereits vorhandenen hinausgehen"[22].

Der in diesen Lehren zum Ausdruck kommende aprioristische Anspruch auf universale Geltung ignoriert jedoch notwendig die empiri-

---

[14] Vgl. z. B. BGH JZ 1964, 97 (Blinkfüer).
[15] *Rehbinder*, Öffentliche Aufgabe, S. 64 ff.
[16] *Rehbinder*, Öffentliche Aufgabe, S. 67.
[17] *Scheler*, Der Formalismus in der Ethik und die materiale Wertethik, 1954.
[18] *Hartmann*, Ethik, 3. Aufl., 1949.
[19] Vgl. auch *Weinkauff*, NJW 1960, 1689 ff. Auch *Brüggemann*, JR 1963, 164 f., E. v. *Hippel*, StudGen 12 (1959), 69 ff. und *Eichler*, Hdb. d. Soz., S. 915, vertreten die materiale Wertethik. Völlig unbrauchbar ist auch die Lösung von *Kempski*, StudGen 12 (1959), 67, der als das objektiv höhere Interesse von zweien dasjenige ansieht, „was nach sorgfältiger Abwägung durch einen auf der entsprechenden Ebene urteilsfähigen Menschen den Vorzug verdient".
[20] *Neuy*, StudGen 7 (1954), 96.
[21] Vgl. Jean *Amery*, in: Die Zeit, Nr. 8/1968, S. 14; *Marcuse*, Der eindimensionale Mensch, S. 184 ff.
[22] *Marcuse*, Der eindimensionale Mensch, S. 192.

sche Wirklichkeit, die historisch entwickelte Struktur sozialer Gruppen, den Wechsel der ökonomischen Grundlagen und die Wandlung der jeweils dominierenden Moralanschauungen. Gerade die positivistischen Analysen sprengten mythologische Fesseln, „die jahrhundertelang jede geistige Freiheit theoretisch und praktisch unmöglich gemacht hatten"[23]. Ob eine Rechtsordnung gerecht ist, wird, wie Kulturgeschichte und Kulturvergleichung erweisen, nicht nach abstrakten, ewigen, unveränderlichen, absoluten Maßstäben, sondern nach Wertvorstellungen bestimmt, die „zwar als unveränderlich und absolut postuliert und geglaubt werden, aber sub specie aeternitatis vergänglich, veränderlich und nach Zeit, Ort und Inhalt relativ sind"[24].

Zu Recht ist deshalb darauf hingewiesen worden, daß „kaum ein Umstand den Fortschritt in der juristischen Methodendiskussion der letzten Generation so gehemmt" hat wie die aprioristische Wertlehre[25].

Daher hat auch bereits *Geiger*[26] mit seiner These vom theoretischen und praktischen Wertnihilismus ausgeführt, daß „Gut und Schlecht völlig imaginäre Begriffe sind, jeder empirischen Fassung ihres vermeintlichen Inhalts unzugänglich und deshalb, für ein rationales Weltbild wenigstens, nicht existent"[27]. Derartige Vorstellungen ihren Inhalten nach ernst zu nehmen, sei das Vorrecht der Laien und der Metaphysiker; Soziologen dagegen dürften sie nur als „psychologische Merkwürdigkeiten" verzeichnen und analysieren. Er leugnet also den Wissenschaftscharakter der Ethik, da er deren Erkenntnisobjekte, nämlich absolute Werte, als einer wissenschaftlichen Bearbeitung nicht zugänglich ansieht[28]. Hierbei erkennt man am deutlichsten den Einfluß der Uppsala-Schule auf *Geiger*. In dieser von *Hägerström* ausgehenden schwedischen Schule, deren prominenteste Vertreter *Lundstedt* und *Olivecrona* sind, hat der philosophische Positivismus seine „konsequenteste und radikalste Formulierung"[29] gefunden. Das Gerechtigkeitsurteil ist in der Auffassung der schwedischen Schule wie alle anderen Werturteile ein Ausdruck für ein subjektives Gefühl. Eine Aussage über die Gerechtigkeit könne niemals wahr im Sinne

---

[23] *Amery*, a.a.O.
[24] *Hirsch*, JZ 1965, 331. Ähnlich auch *Esser*, JuJb Bd. 1, S. 111 (112), und Richard *Schmid*, Die Zeit, Nr. 27/1967, S. 34, der von der „Relativität und Wandelbarkeit der rechtlichen und moralischen Werte über die Jahrtausende und über die verschiedenen Kulturen hinweg" spricht.
[25] *Podlech*, Recht und Politik, 1967, 84.
[26] *Geiger*, Vorstudien, S. 293 ff. Gegen diesen Wertnihilismus wendet sich R. *Lange*, JZ 1966, 346.
[27] *Geiger*, Vorstudien, S. 299. Ähnlich auch *Neuy*, StudGen 7 (1954), 102.
[28] A. A. z. B. E. *v. Hippel*, StudGen 12 (1959), 76, der es für unmöglich hält, Recht nur empirisch aufzufinden; desgl. *Lange*, JZ 1965, 739.
[29] *Neuy*, StudGen 7 (1954), 103.

§ 19: Die Prinzipien der Interessenabwägung

einer Bestimmung zur Realität sein und daher auch niemals wissenschaftlichen Charakter haben. Die gesamte traditionelle Rechtsphilosophie sei unwissenschaftlich. So führt *Lundstedt* aus[30]: „There is no justice. Neither is there any objective ‚ought', consequently neither any material law, i. e. legal commands." Zwar stünden hinter der Rechtsideologie gewisse Realitäten, aber diese seien psychologischer Natur. Die Rechtsideologie sei ein ideologischer Überbau, der sich über der objektiven Realität erhebe, der aber keiner empirischen Kontrolle unterliege[31].

Auch *Rehbinder* kommt im Anschluß an Ausführungen *Weischedels*[32] und *Welzels*[33] zu der Ansicht, daß „ebenso wie die Rechtswissenschaft auf ihren Begriffshimmel verzichtet" habe, „auch die Philosophie endlich auf ihren Wertehimmel verzichten" solle[34]. An seine Stelle träten die relativen Werte[35]. Diese Erkenntnis hatte bereits die Tübinger Schule, denn auch sie hat sich gescheut, absolute Wertmaßstäbe anzugeben[36]. Sie mußte daher notwendig bei einer Relativität der Wertentscheidung enden, einer verdienstvollen, soziologischen Erkenntnis, die ihr allerdings noch heute zum Vorwurf gemacht wird[37].

Erwähnenswert erscheint hierbei, daß auch die anglo-amerikanische soziologische Jurisprudenz zu dem gleichen Ergebnis wie die Tübinger Schule gelangt ist. So wendet sich Roscoe *Pound* gegen absolute Wertmaßstäbe[38]. Auch *Llewellyn* vertritt eine relativistische Kulturtheorie, und das gleiche gilt für Joseph Walter *Bingham*[39], der erklärt: „Any juristic postulate is relative."

Auch *Kelsen*[40] hat erkannt, daß sich nicht verbindlich sagen lasse, was Gerechtigkeit sei: „Wenn wir aus der geistigen Erfahrung der Vergangenheit irgend etwas lernen können, ist es dies, daß die menschliche Vernunft nur relative Werte begreifen kann... Absolute Ge-

---

[30] *Lundstedt*, Law and Justice, S. 450.
[31] *Olivecrona*, Law as Fact, S. 549.
[32] *Weischedel*, Recht und Ethik, S. 26 f.
[33] *Welzel*, Naturrecht und materiale Gerechtigkeit, S. 181.
[34] *Rehbinder*, Öffentliche Aufgabe, S. 67, 69.
[35] Vgl. *Neuy*, StudGen 7 (1954), 97; *Hirsch*, JZ 1965, 331.
[36] Vgl. oben § 7, 2, und ausdrücklich *Heck*, Rechtsphilosophie, S. 146, sowie *Müller-Erzbach*, Umbau, S. 74. Vgl. dazu auch *Fechner*, AcP 151 (1950/51), 354.
[37] Vgl. z. B. *Hubmann*, AcP 155, 90 Anm. 20, 91. Er wird daher von *Rehbinder*, Öffentliche Aufgabe, S. 67 Anm. 32, als ein Beispiel für die kritiklose Übernahme der materialen Wertethik genannt. Auch *Isay*, AcP 137, 33 (40), ist ein Vertreter der materialen Wertethik („Eine rationale Wertungslehre kann es nicht geben").
[38] Vgl. *Neuy*, StudGen 7 (1954), 99.
[39] *Bingham*, in: My Philosophy of Law, 1941, S. 24 f.
[40] *Kelsen*, Was ist Gerechtigkeit?, S. 40. Vgl. auch *Kelsen*, JZ 1965, 468.

rechtigkeit ist ein irrationales Ideal. Vom Standpunkt rationaler Erkenntnis gibt es nur menschliche Interessen und daher Interessenkonflikte. Für deren Lösung stehen nur zwei Wege zur Verfügung: entweder das eine Interesse auf Kosten des anderen zu befriedigen oder einen Kompromiß zwischen beiden herbeizuführen. Es ist nicht möglich, zu beweisen, daß nur die eine, nicht aber die andere Lösung gerecht ist. Wenn sozialer Friede als höchster Wert vorausgesetzt wird, mag die Kompromißlösung als gerecht erscheinen. Aber auch die Gerechtigkeit des Friedens ist nur eine relative, keine absolute Gerechtigkeit." Damit hat er eine Bestätigung der Methodenlehre der Tübinger Schule von der rechtsphilosophischen Seite her gegeben.

Die relativen Werte haben eine subjektive und eine objektive Grundlage. Ihr Ursprung liegt im Subjektiven, also in dem, was *Geiger* im Anschluß an *Hägerström*[41] die „primäre Bewertung" nennt und was nach seiner Ansicht für den Soziologen uninteressant ist, weil es empirisch nicht nachprüfbar ist.

Dieser relativ-subjektive Wertbegriff kann jedoch überindividuelle Gültigkeit und damit objektive Bedeutung erlangen, und zwar durch die Billigung der subjektiven Primärwertung durch das Gesellschaftsintegrat, d. h. durch soziale Anerkennung[42]. Das bedeutet, daß auch dieser relative Wert empirisch nachprüfbar ist[43]. Dieser relative Wert steht in wechselseitiger Abhängigkeit zu den Wertvorstellungen innerhalb des betreffenden Gesellschaftsintegrats; denn genauso wie die Vorstellungen der „Wertgemeinschaft"[44], die „accepted standards of right conduct" (*Cardozo*), von den Vorstellungen ihrer Mitglieder abhängen, so hängt auch die Primärbewertung des einzelnen in gewissem Umfang von den in der Gemeinschaft vorgebildeten Reaktionsschemata ab. Dementsprechend kommt *Rehbinder*[45] zu dem Schluß, daß objektive Wertaussagen als „Vermutung über Wertbeziehungen einer gewissen repräsentativen Mehrheit von Menschen"[46], wenigstens aber einer qualifizierten Minderheit möglich sind. Demnach ist in der heutigen pluralistischen Gesellschaft mit einem Pluralismus der Wertvorstellungen zu rechnen. „Die richtige rechtliche Wertentscheidung" ist

---

[41] *Geiger*, Vorstudien, S. 300, 319.

[42] Dieser Objektivierungsvorgang ist der schwedischen Rechtstheorie seit 1911 bekannt, vgl. die Darstellung der Lehre *Hägerströms* bei *Geiger*, Vorstudien, S. 298 f. Vgl. auch *Esser*, StudGen 7 (1954), 379.

[43] *Rehbinder*, Öffentliche Aufgabe, S. 69. Entgegen *Esser*, StudGen 12 (1959), 105, kann daher die Empirie doch „die Methode des Praktikers sein, der zu werten hat".

[44] *Rehbinder*, a.a.O.

[45] *Rehbinder*, a.a.O.

[46] *Wittmann*, Wertbegriff, S. 61.

nach *Rehbinders* Auffassung[47] also „die jeweilige Resultante der verschiedenen Wertvorstellungen als der Komponenten im Diagonal der sozialen Kräfte"[48].

Dieses geometrische Bild zeigt schon auf den ersten Blick eine Verwandtschaft mit dem „Parallelogramm der Interessen" der genetischen Interessentheorie der Tübinger Schule. Der Unterschied liegt nur darin, daß die Komponenten bei *Rehbinder* Wertvorstellungen, bei *Heck* aber Interessen sind. Dieser Unterschied hat jedoch keine Bedeutung. Die Beziehung der drei Begriffe „Interesse, Gut und Wert" ist kurz zuvor hier geklärt worden. Danach ist als „Wert" der Bewertungsmaßstab eines Gutes, als „Interesse" das Begehren eines Gutes zu bezeichnen. Das Interesse an einem Gut hängt also von dem Wert ab, den es in den Augen des Begehrenden hat. Das Interesse ist folglich eine Funktion der Wertvorstellung des Begehrenden. Je „wert"voller das Gut mir scheint, desto begehrens„werter", also „interessanter" ist es für mich. Wenn man das Interesse mit I bezeichnet, die Wertvorstellung mit W und das Mitglied eines Gesellschaftsintegrates mit M, mehrere Mitglieder mit MM[49], so würde folgende mathematische Formel entstehen:

$$I = f W_M.$$

Rehbinders Bild von der „richtigen rechtlichen Wertentscheidung", also, bei der „ursprünglichen Jurisprudenz" im Sinne *Edelmanns*[50], dem Gesetz, ergäbe folgendes Schaubild[51]:

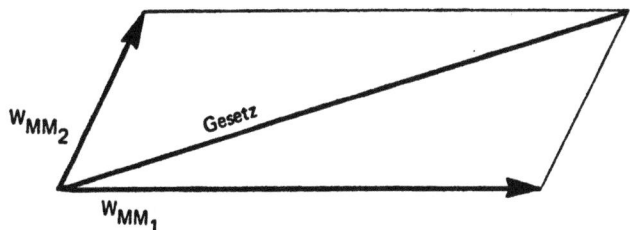

---

[47] *Rehbinder*, Öffentliche Aufgabe, S. 71.

[48] Durch den Aufbau einer derartigen Wertlehre sind auch die Voraussetzungen des Wertens überprüfbar geworden. Damit ist zugleich die Möglichkeit der Anwendung kybernetischer Systeme auf das Recht näher gerückt, vgl. *Podlech*, Recht und Politik, 1967, S. 84, 85.

[49] Diese Symbole benutzt auch *Geiger*, Vorstudien, S. 467.

[50] *Edelmann*, S. 55. Vgl. oben § 7, 1.

[51] Die Schaubilder sind nur zur besseren Veranschaulichung lediglich zweidimensional dargestellt. Ein richtiges Bild ergäben erst dreidimensionale Schaubilder oder mathematisch ausgedrückt: Vektorrechnungen.

Die genetische Interessentheorie könnte man dementsprechend wie folgt darstellen:

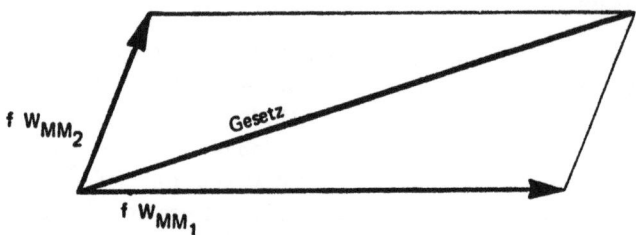

Die Komponenten beider Parallelogramme sind also zwar nicht identisch, aber in der genannten Weise verwandt.

Dies beweist, daß die heutige deutsche Rechtssoziologie die genetische Interessentheorie der Tübinger Schule auch im Falle der Abwägung nach der Interessenqualität bestätigt hat.

Ähnliches gilt als Folge davon für die „abgeleitete Jurisprudenz", also für die Gesetzesanwendung. Für diese hat die Tübinger Schule die „produktive Interessentheorie" aufgestellt[52]. Nach ihr sollen in erster Linie die Interessenwertungen des Gesetzes gelten, in zweiter Linie beim Fehlen gesetzlicher Werturteile „die in der Rechtsgemeinschaft herrschenden Werturteile"[53] und erst als letztes die richterliche Eigenwertung. Diese Reihenfolge folgt zwingend aus der genetischen Interessentheorie und aus dem erwähnten Bild der „richtigen rechtlichen Wertentscheidung", das *Rehbinder* gegeben hat. Da es in der heutigen pluralistischen Gesellschaft einen Pluralismus der Wertvorstellungen gibt, hat der Richter eine ähnliche integrierende Funktion zu erfüllen wie der Gesetzgeber, d. h. er muß beim Fehlen gesetzlicher Wertungen Resultanten der verschiedenen Wertvorstellungen der Gruppen bilden. Dies meint auch das Bundesverfassungsgericht, wenn es ausführt[54]: „Allerdings bestehen Schwierigkeiten, die Geltung eines Sittengesetzes festzustellen. Das persönliche sittliche Gefühl des Richters kann hierfür nicht maßgebend sein. Ebensowenig kann die Auffassung einzelner Volksteile ausreichen." Ähnlich lautet die Formulierung des Bundesverwaltungsgerichts[55]: „Es gibt nicht in allen Fragen von Sitte und Anstand eine einheitliche Anschauung aller (verständiger, billig und gerecht denkender) Menschen. Beim Bestehen ab-

---

[52] Vgl. oben § 8.
[53] Vgl. *Stoll*, Begriff, S. 74, und den offensichtlichen Schreibfehler bei *Dnistrjanskyi*, AcP 141 (1935), 143.
[54] BVerfGE 6, 389, 434.
[55] BVerwG in NJW 1960, 1407, 1409.

weichender Anschauungen über eine solche Frage können die Träger der einen Anschauung Andersdenkenden nicht schlechthin die Verständigkeit oder billige und gerechte Denkart absprechen."

§ 20: Recht und Macht

Die von der deutschen Rechtssoziologie anerkannte genetische Interessentheorie der Tübinger Schule führt zwangsläufig weiter zu dem mit ihr zusammenhängenden[1] Problem des Verhältnisses von Recht und Macht, das die Rechtssoziologie, ebenso wie auch die Rechtsphilosophie, oft beschäftigt hat, ja zu einem der Zentralthemen[2] der Rechtssoziologie wurde.

Mit *Max Weber*[3] kann man Macht definieren als „jede Chance, innerhalb einer sozialen Beziehung einen eigenen Willen auch gegen Widerstreben durchzusetzen, gleichviel, worauf diese Chance beruht"; oder kürzer mit *Geiger*[4] als „die Chance, gewisse Ereignisverläufe steuern zu können". Gleichermaßen bezeichnet *Hirsch*[5] in Anlehnung an *Geiger*[6] die hier relevante soziale Macht als „die Chance eines Menschen oder einer irgendwie organisierten Menschengruppe, andermenschliches Verhalten steuern zu können".

Der genetischen Interessentheorie der Tübinger Schule liegt die Erkenntnis zugrunde, daß dort, wo Menschen miteinander leben, dauernder Interessenwiderstreit und infolgedessen unaufhörlicher Machtkampf ist, innerhalb aller menschlichen Gruppen und ebenso zwischen diesen, bis zur höchsten Stufe: also auch unaufhörlicher Machtkampf zwischen Individuum und Staat und zwischen den Staaten untereinander. Dieser Machtkampf beruht auf dem „jedem animalischen Wesen eigentümlichen Besitz- und Behaltetrieb"[7], der die Interessensphäre umfaßt, die ein Individuum oder eine Gruppe als eigen beherrscht oder zu beherrschen glaubt. Diese Einflußsphäre nennt man auch „Machtbereich"[7], innerhalb dessen bestimmte Interessen auch gegen widerstreitende Interessen anderer durchsetzbar sind. Neben diesem „Besitz- und Behaltetrieb" ist ebenso evident der natürliche Trieb

---

[1] *Geiger*, Vorstudien, S. 355, spricht statt von Zusammenhang von Parallelität.
[2] *Geiger*, Vorstudien, S. 337, nennt seine Ausführungen zu diesem Punkt: „Variationen zu einem alten Thema."
[3] *Weber*, Wirtschaft und Gesellschaft, Studienausgabe, 1. Halbbd., S. 38.
[4] Vorstudien, S. 340.
[5] Recht im sozialen Ordnungsgefüge, S. 245.
[6] Vorstudien, S. 341: „Die Chance, andermenschliches Verhalten steuern zu können."
[7] *Hirsch*, Recht im soz. Ordnungsgefüge, S. 244.

jedes Lebewesens, seinen Besitzstand zu vermehren und damit seinen Machtbereich zu vergrößern. Dies ist aber in der Regel nur auf Kosten der anderen möglich, die ihren Machtbereich erhalten wollen. Dieser Antagonismus zwischen „Machtmehrungsinteresse und Machterhaltungsinteresse"[7] ist eine der menschlichen Gesellschaft immanente Gegebenheit[8]. Dieser Interessenwiderstreit ist daher der letztlich bestimmende Faktor im Sozialleben und aufgrund der Tatsache, daß das Recht Funktion des Sozialleben ist, wie auch die Tübinger Schule mit ihrer genetischen Interessentheorie erkannt hat, Faktor des Rechts[9].

Anhand der Entwicklung des Arbeitsrechts zeigt *Kraft*[10] sehr treffend, wie die Änderung der Machtverhältnisse auch das Recht verändert hat. Das Arbeitsrecht entwickelte sich „von den Koalitionsverboten und der drakonischen Arbeitsdisziplin des Merkantilismus" über die Koalitionsfreiheit bis zur heutigen Mitbestimmung und zu einem fast durchweg arbeitnehmerschützenden Recht.

Dieses Beispiel zeigt, daß derjenige, welcher in einem Interessenwiderstreit siegt, insoweit also die Macht in Händen hat, Recht schaffen kann. Auch die deutsche Rechtssoziologie hat sich diese Erkenntnis zu eigen gemacht und betont die „normative Kraft des Faktischen" immer wieder, obwohl sie sie für „selbstverständlich"[11], ja für eine „soziologische Binsenwahrheit"[12] hält. Freilich wird die noch etwas simple genetische Interessentheorie des Nicht-Soziologen und Nur-Juristen *Heck* bei *Geiger* zu einem wissenschaftlichen Lehrsatz, quasi zum Programmsatz jeder Rechtssoziologie: „Der Rechtszustand einer Gesellschaft ist eine Funktion ihrer faktischen Struktur, und die in einem gegebenen historischen Augenblick bestehenden historischen Machtverhältnisse sind eine wesentliche Dimension der Gesellschaftsstruktur[13]."

Aus der genetischen Interessentheorie folgt weiter, daß die Macht genetisch den Primat vor dem Recht hat. Auch dies hat *Geiger*, sich mit *Olivecrona* auseinandersetzend, erkannt: „Eine Gesellschaft ohne Machtverhältnisse irgendwelcher Art ist undenkbar. Gesellschaften ohne Recht gibt es und gab es[14]."

---

[8] Anderer Ansicht ist Herbert *Marcuse*, vgl. das Interview im *Spiegel*, 35/1967, S. 112 (116): „Ich glaube nicht, daß der Mensch so etwas wie ein primäres Machtstreben hat."

[9] Bereits nach Heraklit ist der „Krieg aller Dinge Vater" und demgemäß das Recht das Ergebnis des Zwistes.

[10] *Kraft*, Rechtssoziologie, S. 475.

[11] *Geiger*, Vorstudien, S. 350.

[12] *Hirsch*, Recht im soz. Ordnungsgefüge, S. 255.

[13] *Geiger*, a.a.O.

[14] *Geiger*, Vorstudien, S. 352.

§ 20: Recht und Macht

Bei der Betrachtung des Verhältnisses von Recht und Macht ist das Recht jedoch nicht nur als Funktion, sondern auch als Regulator des Soziallebens zu betrachten, woraus folgt, daß Recht und Macht nicht identisch sind[15]. Die Tübinger Schule hat, wie bereits ausgeführt[16], das Interesse nicht nur als reinen Kausalfaktor angesehen, sondern insbesondere durch Rümelin und Stoll auch als den Gegenstand, auf den sich die vom Gesetzgeber vorgenommene Wertung bezieht. Insoweit sollte also der Gesetzgeber nicht eine Abwägung nach der Größe oder Stärke der beteiligten Interessen bzw. nach der Macht der sie vortragenden Interessengruppen vornehmen, sondern nach der Interessenqualität[17]. Auf diese Weise kann der Gesetzgeber mächtige Interessen zugunsten weniger mächtiger Interessen zurücksetzen. Ihn kann z. B. der Sozialstaatsgedanke dazu veranlassen, einen Ausgleich der wirtschaftlichen Güter dadurch herbeizuführen, daß er ein Gesetz erläßt, wonach hohe Einkommen prozentual stärker besteuert werden als geringe. Dadurch kann der Gesetzgeber eine Änderung des Soziallebens bewirken und damit eine Änderung der Machtverhältnisse.

Diese These scheint im Widerspruch mit der genetischen Interessentheorie zu stehen. Die Tübinger Schule hat diesen Widerspruch allerdings zu umgehen versucht, indem sie im oben erwähnten Beispiel den Sozialstaatsgedanken mit einem sogenannten „Gemeinschaftsinteresse" gleichgesetzt und argumentiert hätte, dieses Gemeinschaftsinteresse hätte im Widerstreit mit dem Individualinteresse des wirtschaftlich Mächtigen gesiegt. Diese Argumentation ist jedoch unzutreffend, weil sie auf der falschen Annahme der Tübinger Schule beruht, auch der Maßstab der widerstreitenden Interessen sei ein Interesse und stehe im Kampf mit diesen. Das sogenannte Gemeinschaftsinteresse ist jedoch in Wahrheit ein abstrakter Wert, an dem die Interessen der durch das Gesetz Betroffenen gemessen werden.

Dennoch hat die genetische Interessentheorie, wenn man sie allein auf die im Streit befindlichen Individualinteressen beschränkt, recht, denn der Gesetzgeber als der Transformator der Interessen kann ein derartiges „Gemeinschaftsinteresse" zur Hintansetzung eines sozial Mächtigen nur dann berücksichtigen, wenn er sich dazu selbst verpflichtet hat. Eine derartige Selbstbindung des Gesetzgebers, also dessen, der der Macht Ausdruck verleiht, hat Geiger bejaht[18]. Damit ist selbstverständlich nicht eine ideelle Selbstbindung, etwa durch ein

---

[15] Macht und Recht gleichzusetzen, wirft E. v. Hippel, StudGen 12 (1959), 70 f., daher zu Unrecht dem Rechtspositivismus und damit der Tübinger Schule vor.
[16] Vgl. oben § 8.
[17] Vgl. oben § 19.
[18] Geiger, Vorstudien, S. 374.

Versprechen oder Gelöbnis, gemeint, denn dieses könnte der Machtinhaber jederzeit brechen, ohne sich der Verhängung von Sanktionen auszusetzen. Hier ist vielmehr nur an eine faktische Selbstbindung gedacht. Die Selbstbindung wird heute großenteils durch Verfassungsgesetze bewirkt[19]. Die Verfassungsgesetze statuieren „durch proklamative Normsätze für die Zukunft gewisse Modelle des Handelns"[20] des jeweiligen Machtinhabers. Ein derartiger „proklamativer Normsatz" könnte, um bei dem erwähnten Beispiel zu bleiben, lauten: „Die Bundesrepublik Deutschland ist ein ... sozialer Bundesstaat" (Art. 20 Abs. 1 GG). Im Augenblick seines Zustandekommens drückt das Verfassungsgesetz das bestehende Machtverhältnis aus[21]. Wenn sich jedoch nach Erlaß des Verfassungsgesetzes die Machtverhältnisse verschieben, z. B. zugunsten der wirtschaftlich Starken, so kann sich diese Verschiebung nicht in dem gleichen Maß in der Gesetzgebung ausdrücken; denn durch den „proklamativen Normsatz" über den Sozialstaat ist ein Realfaktor geschaffen, der eine solche Machtausübung hemmt. Bei einem sehr großen Machtzuwachs können die Machtinhaber freilich diesen Hemmungsfaktor durch „kalten Staatsstreich" ausräumen. Das Verfassungsgesetz schaltet also nicht „die Macht" zugunsten „des Rechts" aus, wohl aber wirkt es stabilisierend, indem es Änderungen des „Herrschaftsstatus" von bedeutenden und dauernden Verschiebungen der Machtverhältnisse abhängig macht.

Dieser Realfaktor des Verfassungssatzes vom Sozialstaat ruft auch dann Wirkungen hervor, wenn die Machtverhältnisse gleichbleiben, wozu *Geiger* allerdings nicht Stellung genommen hat. Der Gesetzgeber als Transformator der widerstreitenden Interessen muß bei der Ermittlung des Ergebnisses eines zur Rechtsnorm werdenden Interessenkonfliktes diesen Faktor mitbeachten, andernfalls sich Widerstand seitens der durch diesen Verfassungssatz Begünstigten einstellt. Bei dem hier erwähnten Verfassungssatz vom Sozialstaat kommt hinzu, daß er das Ergebnis jedes Interessenkonfliktes immer zugunsten des sozial Schwächeren beeinflußt, so daß im Laufe der Zeit ein Machtzuwachs des sozial Schwächeren erfolgt, also eine Änderung der Machtverhältnisse eintritt. Dieser Verfassungssatz wirkt also ausgleichend. Das läßt sich am Beispiel des vielberufenen Wahlgeschenks des „Pennäler-Gehalts" zeigen. Das „Pennäler-Gehalt" war in Wirklichkeit nicht nur ein Wahlgeschenk, sondern das Ergebnis einer demoskopischen Studie des Familienministeriums[22]. Bei ihr zeigte sich, daß von hundert einzigen Kindern 38 Prozent zur höheren Schule kommen,

---

[19] *Hirsch*, Recht im soz. Ordnungsgefüge, S. 253.
[20] *Geiger*, Vorstudien, S. 377.
[21] Vgl. dazu auch *Kraft*, Rechtssoziologie, S. 474.
[22] E. *Noelle-Neumann*, Die Zeit, Nr. 8/1968, S. 30.

von hundert Kindern aus Familien mit fünf Kindern aber nur 16 Prozent. Der Sozialstaatsgedanke und gleichzeitig die Rücksichtnahme auf die Macht der Wähler zwangen den Gesetzgeber dazu, hier eine Änderung herbeizuführen.

Beschränkt man die genetische Interessentheorie auf die Individualinteressen, so sieht man, daß diese Theorie nicht nur den Einfluß der Macht auf das Recht, sondern auch die Möglichkeit der Regelung der Macht durch das Recht erkannt hat. Eingehende Untersuchungen zu dem Verhältnis von Macht und Recht blieben allerdings der Rechtssoziologie vorbehalten.

Diese Untersuchungen haben die genetische Interessentheorie mit den genannten Einschränkungen — Ersetzung des Ursachen- durch den Funktionsbegriff, Beschränkung auf Individualinteressen — bestätigt.

§ 21: Der Rechtsbegriff

Die genetische Interessentheorie der Tübinger Schule ist auch die Grundlage für den Rechtsbegriff, den die Tübinger Schule vertritt. Nach *Hecks* Ansicht[1] unterscheiden sich die Rechtsgebote von anderen Geboten durch zwei regelmäßige Merkmale: zum einen berührt das gebotene Verhalten die Interessen der staatlichen Gemeinschaft, ist unmittelbar oder mittelbar für sie von Bedeutung; zum anderen gehört zu den Gehorsamsmotiven die Erwartung des staatlichen Zwanges. Gleicher Auffassung ist *Rümelin*, der wie folgt definiert: „Recht ist der Inbegriff von Verhaltens- und Entscheidungsnormen, die von einer mit sozialer Macht ausgerüsteten und zu diesem Zweck organisierten Gemeinschaft aufgestellt werden behufs einer, wenn nötig durch Zwang, zu verwirklichenden Ordnung des Zusammenlebens[2]." Die Tübinger Schule vertritt damit die sogenannte Zwangstheorie, „die die Abgrenzung des Rechts von den außerrechtlichen Sozialordnungen danach vornimmt, ob eine Norm durch den Zwang eines besonderen Zwangsapparates garantiert ist"[3].

Zwar haben die Vertreter der Tübinger Schule nie ausdrücklich erörtert, aufgrund welcher Überlegungen sie diese Zwangstheorie als richtig angesehen haben, dennoch dürfte es richtig sein, als Ausgangspunkt hier wiederum die genetische Interessentheorie anzusehen. In jedem Rechtsgebot tritt das Ergebnis eines Interessenkonfliktes zutage. Würden die in diesem Konflikt unterlegenen Interessenten sich an das

---

[1] *Heck*, AcP 128, 115, Anm. 6.
[2] *Rümelin*, AcP 122 (1924), 149.
[3] *Rehbinder*, Max Weber, S. 485.

Gebot nicht halten, so liefen sie Gefahr, von den siegenden Interessenten in irgendeiner Weise bestraft zu werden, wenn diese Interessenten die Macht dazu hätten. Wenn diese aber die Macht dazu nicht hätten — was infolge Veränderung der Machtverhältnisse geschehen kann —, könnten sie jenen Verstoß gegen das Gebot nicht ahnden; das Gebot wäre mithin wertlos. Ohne Macht ist also kein Recht denkbar. Daher wird ein Zwangsapparat oder „Erzwingungsstab"[4] geschaffen, der kraft der ihm übertragenen Macht die Geltung der Gebote garantiert. In unserer Gesellschaft bilden beispielsweise die Gerichte einen solchen Erzwingungsstab.

Diese von der Tübinger Schule vertretene Zwangstheorie zeugt von einer soziologischen Auffassung des Rechts. Es gibt eine sehr große Anzahl kollektiver und individueller Verhältnisse und Beziehungen, die zwar rechtlich normiert sind, aber im Sozialleben ihre Wirksamkeit durch Negieren des Rechts entfalten. Dabei handelt es sich nicht nur um die Fallgruppen, die ohnehin anderen sozialen Ordnungen, wie Religion, Moral, Sitte oder Konvention, zugeordnet sind; es sind auch nicht damit Vorgänge und Handlungen gemeint, die man als „rechtswidrig" bezeichnen kann. Es ist hierbei vielmehr an die zahlreichen Verhältnisse und Beziehungen zu denken, „die zwar in einer rechtlich regulierten Sphäre gelegen sind, aber von Recht deshalb nicht ‚tangiert' werden, weil die Mittel und Wege des Rechts in praxi versagen"[5].

Da nach *Hecks* Ansicht „die Erwartung des staatlichen Zwanges" zu den Gehorsamsmotiven gehört, ist außer dem bloßen Vorhandensein einer Norm weiterhin die Beachtung dieser Norm in der sozialen Wirklichkeit erforderlich. Demgegenüber prüft ein dogmatischer Jurist nur, welche Gebote formal richtig als Recht gesetzt sind. Diese Bestimmungen sind für ihn grundsätzlich geltendes Recht, z. B. also auch eine vor Jahrzehnten erlassene Verordnung, die keiner der Beteiligten kennt. Der Soziologe dagegen kann als Bestandteil der Rechtsordnung nur solche Vorschriften anerkennen, die in der sozialen Wirklichkeit Beachtung finden[6]; darin folgt ihm die Tübinger Schule. Eine Bestimmung, die sich in der Gesellschaft nicht auswirkt, gilt — soziologisch gesehen — nicht. An dem Beispiel der seit Jahrzehnten vergessenen Verordnung wird die unterschiedliche Auffassung der beiden wissenschaftlichen Disziplinen deutlich: für den Juristen hat diese Verordnung seit ihrem Erlaß stets gegolten, obwohl niemand ihr gefolgt ist;

---

[4] *Frey*, Rechtsbegriff, S. 4.
[5] *Hirsch*, in: Hirsch-Rehbinder, Studien und Materialien zur Rechtssoziologie, S. 9 (17).
[6] Vgl. *König*, in: Hirsch-Rehbinder, Studien und Materialien zur Rechtssoziologie, S. 49.

§ 21: Der Rechtsbegriff

einer soziologischen Theorie dagegen kommt es nicht auf die Verkündung im Gesetzblatt, sondern allein auf die Wahrscheinlichkeit der Beachtung, also darauf an, ob die Verordnung eine *Chance* hat, vom Rechtsstab als geltend angesehen zu werden. Die Durchsetzung von Rechtsnormen ist mithin ebenso eine Machtfrage, wie die Entstehung von Rechtsnormen[7]. Die Zwangstheorie als eine der soziologischen Theorien des Rechts haben vor der Tübinger Schule bereits *Emile Durkheim* (1858—1917)[8] und Max *Weber*[9] vertreten. Es ist möglich, daß die Tübinger Schule beim Aufstellen dieser Theorie von diesen Soziologen beeinflußt wurde. Diese Annahme erscheint aber sehr zweifelhaft, weil *Heck*, der im allgemeinen seine Belegstellen sehr genau angab, hier die Namen *Durkheims* und *Webers* nicht erwähnt. Es scheint vielmehr so, als ob die Zwangstheorie von *Heck* und *Rümelin* eigenständig entwickelt wurde, da sie ja mit der genetischen Interessentheorie zusammenhängt. Allerdings erscheint es auch unwahrscheinlich, daß die deutsche Rechtssoziologie, soweit sie die Zwangstheorie vertritt, von dem Rechtsbegriff der Tübinger Schule beeinflußt wurde. Dies liegt zum einen daran, daß die Tübinger Schule, die ohnehin infolge ihres Gegensatzes zur Begriffsjurisprudenz wenige begriffliche Erörterungen vorgenommen hat, den Rechtsbegriff nicht zu einem Hauptthema gemacht hat[10]; zum anderen rührt dies daher, daß andere, Juristen und Soziologen, unabhängig voneinander die Zwangstheorie vertreten haben, so daß ein Einfluß des einen oder anderen nicht nachzuweisen ist. Bei den Juristen war es außer der Tübinger Schule z. B. Julius *Binder* in seiner 1925 erschienenen „Rechtsphilosophie", die *Heck* rezensiert und dabei die Zwangstheorie als Rechtstheorie der Tübinger Schule erwähnt hat. Unter den deutschen Rechtssoziologen sind es außer *Weber* vor allem *Geiger*[11] und *Hirsch*[12], die die Zwangstheorie vertreten, daneben anscheinend auch *Kraft*[13]. Diese Theorie hat sich auch im Ausland weitgehend durchgesetzt, und zwar unter „so verschiedenartigen Autoren"[14] wie N. S. *Timasheff*, Karl *Olivecrona*, Roscoe *Pound* und Henri *Lévy-Bruhl*. Nach *Pound* ergibt die Kontrolle

---

[7] Siehe zu letzterem oben § 20. Vgl. auch *Hirsch*, in: Hirsch-Rehbinder, Studien und Materialien zur Rechtssoziologie, S. 25.

[8] In: De la division du travail social, 1893.

[9] Vgl. *Webers* Diskussionsbeitrag nach *Kantorowicz*' Rede: Rechtswissenschaft und Soziologie, in: Verhandlungen des Ersten Deutschen Soziologentages, Tübingen 1911, S. 325.

[10] Dies bemängelt *Binder*, ZHR 100 (1934), 63, nach dem die Interessenjurisprudenz vom Begriff des Rechts hätte ausgehen müssen.

[11] *Geiger*, Vorstudien, S. 139 ff.

[12] *Hirsch*, Recht im soz. Ordnungsgefüge, S. 316.

[13] *Kraft*, Rechtssoziologie, S. 472. Auch *König*, in: Hirsch-Rehbinder, Studien und Materialien zur Rechtssoziologie, S. 49, vertritt die Zwangstheorie.

[14] *Rehbinder*, Max Weber, S. 485.

der sich aus Gegensätzen und Konkurrenzen ergebenden Interessen durch systematische und ordnungsgemäße Anwendung der Gewalt einer Gesellschaft ein Gebilde, das wir Rechtsordnung nennen. Demgegenüber vertritt *Ehrlich* die sogenannte Anerkennungstheorie[15] und *Gurvitch* die sogenannte Funktionstheorie. Bei einer Untersuchung des Rechtsbegriffs in der neueren Soziologie hat *Frey*[16] darüber hinaus eine sogenannte Reaktionstheorie aufgestellt. Wenn auch die Meinungen der Soziologen, die die Zwangstheorie vertreten, in vielen anderen Punkten auseinandergehen: Grundlage der Zwangstheorie ist bei allen eine im philosophischen Sinne positivistische[17] „genetische Interessentheorie", ob sie dies ausdrücklich erklären oder — wie meist — nur konkludent. Dies gilt vor allem von *Pound*, dessen „sociological jurisprudence"[18] mit Recht als eine Variante der Interessenjurisprudenz bezeichnet wurde[19]. Nach seiner Ansicht ist die Interessentheorie das bedeutendste juristische Problem der Gegenwart[20]. Vilfredo *Pareto*[21] dagegen, der dritte der großen europäischen Soziologen der Jahrhundertwende, lehnt die Zwangstheorie ab. Seine Ablehnung beruht, wie *Frey* zutreffend ausführt[22], auf *Paretos* Unkenntnis der genetischen Interessentheorie. Nach seiner Ansicht hängt es lediglich von der Willkür des Gesetzgebers ab, welche Sittenregel er zum Gesetz erhebt. Daß diese Ansicht unrichtig ist, hat *Heck* erkannt, und für heutige Rechtssoziologen ist es eine „Binsenwahrheit"[23], daß das Recht eine Funktion des Soziallebens ist, der Gesetzgeber also keineswegs willkürlich Rechtsgebote setzen kann. Aus *Paretos* Ablehnung folgt also, daß die Zwangstheorie die Erkenntnis des Rechts als einer Funktion des Soziallebens voraussetzt, eine Erkenntnis, die unter den Juristen insbesondere die „Interessenjuristen" hatten, wobei hier nicht nur an die deutsche Interessenjurisprudenz gedacht wird.

---

[15] Vgl. dazu *Frey*, S. 61 ff.
[16] *Frey*, Der Rechtsbegriff in der neueren Soziologie, Diss., Saarbrücken 1962.
[17] Vgl. oben § 7, 2 und *Neuy*, StudGen 7 (1954), 95.
[18] Vgl. dazu *Rehbinder*, JZ 1965, 482 ff. *Pound*, The Need of a Sociological Jurisprudence, Green Bag 19 (1907), 607; The Scope and Purpose of Sociological Jurisprudence, Harvard L. R. 24 (1911), 591; 25 (1912), 140; 25 (1912), 489.
[19] *Rheinstein*, RabelsZ 27 (1962), S. 601 f.
[20] Vgl. *Pound* in My Philosophy of Law, 1941, S. 260.
[21] *Pareto*, Traité de la Sociologie générale, Paris 1917, § 398.
[22] *Frey*, S. 17 f.
[23] *Hirsch*, Recht im soz. Ordnungsgefüge, S. 255.

4. Abschnitt

§ 22: Die Erforschung der sozialen Wirklichkeit

Es ist bereits erwähnt worden[1], daß der Senior der deutschen Rechtstatsachenforschung, Arthur *Nußbaum*, die Schriften der Vertreter der Tübinger Schule fast gar nicht erwähnt. Dies erscheint verwunderlich, weil es gerade *Heck* gewesen ist[2], der sich immer wieder für eine Rechtstatsachenforschung eingesetzt hat. Auch die Interessenforschung, von der die Tübinger Schule immer wieder spricht und mit der jede Erforschung der sozialen Wirklichkeit gemeint ist, soweit sie der Rechtswissenschaft dient, ist nichts anderes als Rechtstatsachenforschung im Sinne Nußbaums.

Der Begriff „Rechtstatsachenforschung" war in der Vergangenheit allerdings recht unbestimmt. *Müller-Erzbach*[3] hat versucht, den Begriff der Rechtstatsachen mit dem Begriff der „faits sociaux" im Sinne *Durkheims*[4] gleichzusetzen. Derselben Ansicht wie *Müller-Erzbach* scheint *Gurvitch*[5] zu sein. Demgegenüber bedeutet nach *Hirsch*[6] die Rechtstatsachenforschung lediglich „eine Erforschung dessen, was in der Lebenswirklichkeit *rechtens* ist". Die Rechtstatsachenforschung sei „eine juristische Disziplin zwecks Erkenntnis des ‚lebenden', d. h. des tatsächlich geltenden, befolgten, angewandten, durchgesetzten und durchsetzbaren Rechts"[7]. Mithin sei Rechtstatsachenforschung nicht gleichbedeutend mit empirischer Rechtssoziologie oder „Interessenforschung" im Sinne der Tübinger Schule. Diese Begriffsbestimmung *Hirschs* hat *Rehbinder* überzeugend als zu eng bezeichnet[8]. Nach seiner Ansicht sind Rechtstatsachen soziologische Daten. Damit bestätigt er die Gleichsetzung von Interessenforschung und Rechtstatsachenforschung. Wenn *Pawlowski*[9] also von der mit der Interessenjurisprudenz verbundenen Rechtstatsachenforschung spricht, so ist dies zutreffend.

Die Erforschung der sozialen Wirklichkeit stellt die Grundlage der Interessenjurisprudenz dar, denn ohne Interessenforschung kann die

---

[1] Vgl. oben § 16.
[2] Vgl. z. B. *Heck*, Begriffsbildung, S. 131.
[3] *Müller-Erzbach*, Interessenjurisprudenz, S. 93. Vgl. dazu auch *Rehbinder*, Rechtstatsachenforschung.
[4] *Durkheim*, Die Regeln der soziologischen Methode, 1961, S. 38—66.
[5] *Gurvitch*, Grundzüge der Soziologie des Rechts, 1960, S. 44 f.
[6] *Hirsch*, in: Hirsch-Rehbinder, Studien und Materialien zur Rechtssoziologie, S. 21.
[7] *Hirsch*, a.a.O., S. 35 Anm. 31.
[8] *Rehbinder*, Rechtstatsachenforschung.
[9] *Pawlowski*, NJW 1958, 1561. Entsprechendes gilt für das kausale Rechtsdenken *Müller-Erzbachs*, vgl. *Fechner*, AcP 151 (1950/51), 354/356.

Tübinger Schule die „wertende Gebotsbildung" nicht vornehmen. Kennt der Richter die dem Gesetz zugrunde liegenden Interessen nicht, so kann er ein dem Gesetz gemäßes Urteil nicht fällen, geschweige denn eine Lücke ergänzen. Daher ist auch *Kreller*[10] zuzustimmen, wenn er erklärt, daß sowohl die Formulierung eines konkreten Rechtssatzes wie die rechtliche Beurteilung eines Einzeltatbestandes immer ein Erkennen des Gemeinschaftslebens voraussetzt, das unserem Verstande nicht anders möglich ist als durch die Ermittlung der sinnlich wahrnehmbaren verschiedenen Tendenzen dieses Lebens; etwas anderes aber sind die Interessen nicht, deren Erforschung die Tübinger Schule verlangt. Auch *Binder*[11] sieht, daß die Interessenjurisprudenz „ein immenses Wissen sozialer Tatsachen" voraussetzt, und *Larenz*[12] räumt ein, daß es „zweifellos das Verdienst der Interessenjurisprudenz" sei, „daß uns die Notwendigkeit einer sorgfältigen Analyse der objektiven Gegebenheiten, in die eine Norm eingreift, deutlich geworden ist". Da die in der Rechtswissenschaft auch heute noch herrschende[13] Methodenlehre die der Interessenjurisprudenz ist, geht also die empirische rechtssoziologische Forschung auf die Tübinger Schule zurück. Man kann also sagen, daß die Tübinger Schule den Anstoß für die empirische rechtssoziologische Forschung gegeben hat.

Damit zusammen hängt auch der Vorwurf der mangelnden Rechtssicherheit, der gegen die Tübinger Schule erhoben wurde[14]. Ein Richter, der nach der Methode der Interessenjurisprudenz ein Urteil fällt, ohne die dem Gesetz zugrunde liegenden sozialen Tatsachen zu kennen, kann sich nur mit einer Eigenwertung behelfen, die in den meisten Fällen den gesamten Tatsachenkomplex nicht erkennt. Er muß also seine eigene beschränkte Anschauung der Tatsachen einsetzen, die je nach Bildung und Einsichtsvermögen variiert. In den meisten Fällen werden dann die Rechtstatsachen zu Klischees, ihre Erforschung wird durch ihre Interpretation ersetzt. So gibt es zahlreiche Erscheinungen, in denen soziologische Tatsachen für die aktuelle Anwendung und Auslegung des Gesetzes festgestellt werden. Dabei bleibt es aber zweifelhaft, ob diese Tatsachen wirklich so sicher und richtig sind, wie das beurteilende Gericht sie darstellt. *Raiser*[15] spricht daher mit Recht von „einer oft unkritischen Verwendung fremder Begriffe und Kategorien oder einer den Ansprüchen der empirischen Sozialwissenschaften nicht genügenden Art der Sammlung und Verwertung von Fakten". Bei der

---

[10] *Kreller*, ZdSavSt 64 (1944), RomAbt., 475.
[11] *Binder*, ZHR 100 (1934), 57.
[12] *Larenz*, Unentbehrlichkeit, S. 13 f. und ähnlich S. 22 ff.
[13] Vgl. oben § 17.
[14] *Pawlowski*, NJW 1958, 1561.
[15] *Raiser*, JZ 1966, 88.

sogenannten wertenden Gebotsbildung muß z. B. die Interessenlage und ihr Verhältnis zum Gesetz zur Zeit seines Erlassens, die historische Entwicklung bis zum Urteil und die gegenwärtige Interessenlage in ihrem Verhältnis zum Gesetz ermittelt werden. Die Fehlerquellen für den Richter sind dabei natürlich sehr groß. So ist die Rechtsfindung gleichermaßen von einem wirklichkeitsnahen Recht und von einer der Voraussehbarkeit und der Rechtssicherheit genügenden gleichartigen Lösung gleichartiger Fälle entfernt.

Da *Heck* diese Gefahr erkannt hat, ist von ihm die Forderung nach einer umfassenden Interessenforschung erhoben worden[16]. Ihn trifft also der Vorwurf der mangelnden Rechtssicherheit nicht zu Recht. Gäbe es nämlich die von der Tübinger Schule geforderte Erforschung der sozialen Wirklichkeit in Beziehung auf das Recht, so stünden ihre Ergebnisse jedem Richter zur Verfügung. Er brauchte sich nicht mehr nur auf sein eigenes beschränktes Wissen zu verlassen.

Es ist nun nicht zu bestreiten, daß es auch heute, 60 Jahre nach der durch die Tübinger Schule erhobenen Forderung, eine derartige Forschung in dem erforderlichen Umfang nicht gibt[17]. Daraus folgert *Pawlowski*[18], daß „die Abneigung der begrifflich-systematischen Jurisprudenz, sich mit den Zwecken des Rechts, den zugrunde liegenden Interessen und Tatsachen zu befassen", nicht nur auf dem scholastischen Bestreben zu beruhen brauche, formal befriedigende Gedankengebäude zu schaffen, sondern daß sie auch durch die Einsicht gerechtfertigt würde, „daß die sichere Erfassung der zahllosen den Gesetzen zugrunde liegenden Tatsachen fast unmöglich ist, weil ihre Ermittlung sich weitgehend der Kontrolle durch ausschließliches Denken entzieht". *Pawlowski* geht dabei von der „Bewältigung der Tatsachen" durch den Richter aus. Ihm fehle „die Möglichkeit einer breiten Enquête, wie sie der Gesetzgeber mit Hilfe von Umfragen, Berichten und statistischen Erhebungen durchführen" könne. Dieser Ausgangspunkt *Pawlowskis* ist unrichtig. Die Tübinger Schule hat nämlich nicht gefordert, daß der Richter selbst die dem Gesetz zugrunde liegenden Tatsachen erforschen müsse[19]. Zwar spricht *Heck* anfangs[20] noch von der Interessenforschung durch den Richter. Es ist sehr unwahrscheinlich, daß dies im wörtlichen Sinne gemeint sein sollte. Später hat *Heck* jedoch selbst ausdrücklich von den Forschungen der Hilfswissenschaft der Rechtssoziologie ge-

---

[16] *Heck*, Begriffsbildung, S. 131.
[17] Vgl. *Esser*, StudGen 12 (1959), 103.
[18] NJW 1958, 1563.
[19] Auch *Esser*, StudGen 12 (1959), 105, erklärt, daß Rechtstatsachenforschung nicht am Einzelfall getrieben werden könne.
[20] Gesetzesauslegung, S. 93 ff.

sprochen[21]. Die Rechtstatsachenforschung sollte Aufgabe einer besonderen Wissenschaft sein, eben der Rechtssoziologie, die ihre Ergebnisse dem Richter an die Hand zu geben habe[22]. Damit erledigt sich der Einwand *Pawlowskis* gegen die Interessenjurisprudenz, daß die „sichere Erfassung der zahllosen den Gesetzen zugrunde liegenden Tatsachen fast unmöglich" sei. Für den einzelnen Richter trifft dies sicherlich zu, aber nicht für einen eigens für diese Aufgabe geschaffenen Wissenschaftszweig, denn in anderen Ländern, z. B. in den Vereinigten Staaten, gibt es die „mit großem Aufwand und interessanten Ergebnissen vorangetriebene soziologische Analyse der Einrichtungen des Rechtslebens"[23]. Daß die Erfassung der dem Recht zugrunde liegenden Tatsachen nicht generell unmöglich ist, räumt *Pawlowski* selbst ein, wenn er zugesteht, daß der Gesetzgeber die Möglichkeit einer breiten Enquête „mit Hilfe von Umfragen, Berichten und statistischen Erhebungen" habe. Der „Gesetzgeber" bedient sich dazu der Soziologen, sei es der Soziologen im das Gesetz vorbereitenden Ministerium, sei es auf dem Weg über ein in Auftrag gegebenes Gutachten eines soziologischen Institutes. Die Öffentlichkeit hat diese Art des Gebrauchs der Demoskopie kaum beschäftigt, obwohl sie in unserem Staat eine erhebliche Rolle spielt. Hier sind zu erwähnen demoskopische Untersuchungen des Bundesarbeitsministeriums zur Vorbereitung der Rentenreform, zur Krankenkassenreform und zur Eigentumsbildung der Arbeitnehmer; oder Untersuchungen des Wohnungsbauministeriums zum Thema Eigenheimbau; der Kultusministerien über Möglichkeiten der Nachwuchswerbung für den Lehrerberuf[24]. Somit betreibt der Gesetzgeber selbst empirische rechtssoziologische Untersuchungen[25]. Diese Studien haben „einen zunehmenden Einfluß auf die Wirklichkeitsnähe von Legislative und Exekutive"[26].

Auch die Tatsache, daß es eine rechtssoziologische Forschung noch nicht in dem erforderlichen Umfang gibt, sagt nichts über die Unmöglichkeit einer umfassenden Forschung auf diesem Gebiet aus. Für den „ungenügenden Stand der Rechtstatsachenforschung"[27] gibt es viele andere Gründe. Neben dem durch die Nationalsozialisten verursachten Abbruch der soziologischen Forschung, der zu der „in Deutschland seit

---

[21] Begriffsbildung, S. 131.
[22] Das weiß auch *Pawlowski*, denn er führt selbst aus, daß die Rechtstatsachenforschung dem Richter ein „Arsenal" schaffen sollte, das ihm die Hilfsmittel für die sichere Entscheidung geben sollte.
[23] *Raiser*, JZ 1966, 88; vgl. auch *Hirsch*, in: Hirsch-Rehbinder, Studien und Materialien zur Rechtssoziologie, S. 9 (30).
[24] *Noelle-Neumann*, Die Zeit, Nr. 8/1968, S. 30.
[25] Vgl. *Esser*, StudGen 12 (1959), 105.
[26] *Noelle-Neumann*, in: Die Zeit, Nr. 8/1968, S. 30.
[27] *Pawlowski*, NJW 1958, 1561.

dem 2. Weltkrieg spürbar gewordenen Entfremdung zwischen der Rechtswissenschaft und den modernen Sozialwissenschaften" führte[28], wird man den Aufbau und das Ziel des heutigen juristischen Studiums als Hauptgrund nennen können. Da die erste juristische Staatsprüfung, die das Studium abschließt, in erster Linie eine Eingangsprüfung in den Justizdienst ist, fordert sie vom Kandidaten wenigstens in der schriftlichen, zumeist jedoch auch in der mündlichen Prüfung, die Lösung von Fällen, also die rein rechtsdogmatische Untersuchung eines vorgegebenen, auf rechtsdogmatische Probleme zugeschnittenen Sachverhalts. Da es verständlicherweise das erste Ziel eines jeden Studenten ist, diese Prüfung erfolgreich abzulegen, wird er sein Studium dementsprechend einrichten, sich also fast ausschließlich mit der Rechtsdogmatik beschäftigen. Leider gehört es auch „zu den Krebsschäden unserer juristischen Studienliteratur, daß in ihr die eigentliche Theorie zu kurz kommt und auch aus den Lehrbüchern verschwindet, in denen bloß positives Stoffwissen ohne Kennzeichnung der Funktionsbedeutung der Dogmatik dargeboten wird"[29]. So „züchten" unsere gegenwärtigen, nur am (echten oder vermeintlichen) Bedarf des Staates orientierten Prüfungs- und Ausbildungsordnungen den „Typ des Nur-Juristen"[30]. Dabei muß selbstverständlich die Rechtssoziologie zu kurz kommen[31]. Daß es nicht genügend Rechtssoziologen gibt, erscheint danach nicht verwunderlich; erst recht nicht genügend Rechtssoziologen, die sich mit der Rechtstatsachenforschung beschäftigen, weil hierzu Umfragen und statistische Erhebungen notwendig sind, die ein einzelner nicht bewältigen kann.

In diesem Zusammenhang erweist sich auch die in scharfem Gegensatz etwa zum anglo-amerikanischen Brauch stehende Kürze der meisten Sachverhaltsschilderungen in der Literatur, vor allem in den Entscheidungssammlungen als entscheidender Mangel. Diese Kürze macht

---

[28] *Raiser*, JZ 1966, 88.
[29] *Esser*, StudGen 12 (1959), 106.
[30] *Raiser*, JZ 1966, 87. Vgl. auch *Hirsch*, in: Hirsch-Rehbinder, Studien und Materialien zur Rechtssoziologie, S. 26.
[31] Vgl. dazu die „15 Tübinger Thesen" der Fachschaft Rechtswissenschaft an der Universität Tübingen, in: Referendarblatt 1967, Heft 3, S. 5, die für die juristische Ausbildung und Lehre ein verstärktes Eingehen auf die soziologischen Hintergründe rechtlicher Probleme und Kodifikationen fordert. Nach der Ansicht der Tübinger Studenten müssen alle wissenschaftlichen Veranstaltungen dem Studenten „neben dem Fachwissen die Aufdeckung der gesellschaftlichen Grundlagen" des Faches ermöglichen (These 5). Entscheidende Bedeutung komme dabei der Rechtssoziologie zu. „Nur wer soziologische Zusammenhänge zu erkennen vermag, ist in der Lage, ein von bestimmten Gruppen der Gesellschaft manipuliertes Recht als Scheinrecht zu entlarven und ist dagegen geschützt, zum Lohndiener bestimmter herrschender Kräfte zu werden" (These 6).

meistens ein umfassendes Erkennen aller beteiligten Interessen an dem Rechtsstreit unmöglich.

Aus dieser Schwierigkeit kann man jedoch nicht mit *Pawlowski* folgern, die Rechtstatsachenforschung sei unmöglich, daher müsse man wieder ein wenig mehr Begriffsjurisprudenz treiben. Das würde einen erheblichen Rückschritt bedeuten, einen Rückfall in die durch das Verdienst der Tübinger Schule als überholt anzusehende Rechtsauffassung des vergangenen Jahrhunderts.

IV. Kapitel

§ 23: Ergebnisse der vorliegenden Arbeit

In den folgenden Thesen sind die wesentlichen Ergebnisse der vorliegenden Untersuchung zusammengefaßt:

1. Die Tübinger Schule ist eine soziologische Jurisprudenz.
2. Ebenso wie die Tübinger Schule sieht die größere Gruppe der deutschen Rechtssoziologen eine der wichtigsten Aufgaben der Rechtssoziologie darin, Hilfswissenschaft der Rechtsdogmatik zu sein. Diese größere Gruppe wird durch die vorwiegend juristisch orientierten Rechtssoziologen repräsentiert.
3. Die deutschen Rechtssoziologen erwähnen die Tübinger Schule fast gar nicht. Dennoch kennen sie die Tübinger Schule aufgrund deren großen Einflusses auf die deutsche Rechtsdogmatik, denn sie sind zum größten Teil Juristen oder haben eine juristische Vergangenheit.
4. Die deutschen Rechtssoziologen haben den Begriff des Interesses, der durch die Tübinger Schule in der Rechtswissenschaft bekannt gemacht wurde, erörtert und die Richtigkeit der genetischen Interessentheorie der Tübinger Schule bestätigt, wobei sie allerdings den Ursachenbegriff durch den Funktionsbegriff ersetzten.
5. Der genetischen Interessentheorie entspricht eine Abwägung der Interessen sowohl nach der Quantität als auch nach der Qualität der Interessen.
    a) Die Abwägung nach der Interessenquantität bedeutet eine Abwägung der Macht der Interessenten.
    b) Die Abwägung nach der Interessenqualität bedeutet eine Abwägung der erstrebten Güter anhand eines Wertmaßstabes. Dieser Wertmaßstab ist kein absoluter, apriorischer, sondern ein relativer, empirisch nachprüfbarer.

§ 23: Ergebnisse der vorliegenden Arbeit

c) Die richtige rechtliche Wertentscheidung ist nach heutiger rechtssoziologischer Auffassung die Diagonale in einem Parallelogramm, dessen Seiten die verschiedenen Wertvorstellungen der pluralistischen Gesellschaft bilden. Da das Interesse eine Funktion der Wertvorstellung ist, entspricht dieses Parallelogramm der genetischen Interessentheorie.

6. Die deutsche Rechtssoziologie hat bestätigt, daß die genetische Interessentheorie nicht nur den Einfluß der Macht auf das Recht, sondern auch die Möglichkeit der Regelung der Macht durch das Recht erkannt hat.

7. Die Tübinger Schule vertritt einen soziologischen Rechtsbegriff, die sogenannte Zwangstheorie, die als die in der heutigen Rechtssoziologie herrschende Theorie angesehen werden kann.

8. Die Tübinger Schule hat den Anstoß für die empirische rechtssoziologische Forschung in Deutschland gegeben, denn Interessenjurisprudenz ist ohne derartige Forschung nicht durchführbar.

9. Bei Durchführung der Forderung der Tübinger Schule nach einer umfassenden rechtssoziologischen Forschung ist der gegen die Tübinger Schule erhobene Vorwurf der mangelnden Rechtssicherheit unbegründet. Auch wenn die heutige empirische rechtssoziologische Forschung in Deutschland noch auf ungenügendem Stand ist, so ist die Forderung der Tübinger Schule nach einer umfassenden Erforschung der sozialen Wirklichkeit dennoch durchführbar.

Literaturverzeichnis

Améry, Jean: Der Neinsager, in: Die Zeit, Nr. 8/1968, S. 14

Bader, Karl Siegfried: In memoriam Philipp von Heck, in: ZdSavSt. GermAbt. 64 (1944), 538

Bartholomeyczik, Horst: Die Kunst der Gesetzesauslegung, 2. Aufl., Frankfurt a. Main 1960

Baumgarten, Arthur: Grundzüge der juristischen Methodenlehre, Bern 1939

Becker, W. G.: Die Realität des Rechts, in: ARSP 40 (1952/53), 216, 375, 534

Beling, Ernst: Methodik der Gesetzgebung, insbesondere der Strafgesetzgebung, in: ARWP 15 (1920/21), 14 ff.

Binder, Julius: Bemerkungen zum Methodenstreit in der Privatrechtswissenschaft, in: ZHR 100 (1934), 4 ff.

Bingham, Joseph Walter: Contributor to: My Philosophy of Law, Credos of Sixteen American Scholars. 1941

Brüggemann, Dieter: Gesetzesrecht und Richterrecht, in: JR 1963, 162

Brusiin, Otto: Über das juristische Denken, Kopenhagen-Helsingfors 1951

Bull, Hans Peter: Von Recht und Gesetz lernen sie nichts, in: Die Zeit, Nr. 6/1968, S. 42

Coing, Helmut: System, Geschichte und Interesse in der Privatrechtswissenschaft, in: JZ 1951, 481

Danckert, Peter: Die Grenze zwischen der extensiven Auslegung und der Analogie im Strafrecht, Diss. Köln 1967

Dnistrjanskyi, Stanislaus: Beiträge zur juristischen Methodologie, in: AcP 141 (1935), 129—167

Edelmann, Johann: Die Entwicklung der Interessenjurisprudenz, Bad Homburg v. d. H.-Berlin-Zürich 1967

Ehrlich, Eugen: Grundlegung der Soziologie des Rechts, München-Leipzig 1913 (= Ehrlich, Grundlegung)

— Montesquieu and Sociological Jurisprudence, in: Harvard Law Review 29 (1915/16), 582—600

— Juristische Logik, in: AcP 115 (1917), 125—439 (= Ehrlich, Logik)

Eichler, Hermann: Recht, in: Handbuch der Soziologie, S. 913 ff.

Esser, Josef: Interpretation im Recht, in: Studium Generale 7 (1954), 372

— Grundsatz und Norm in der richterlichen Fortbildung des Privatrechts, Tübingen 1956

— Zur Methodenlehre des Zivilrechts, in: Studium Generale 12 (1959), 97

— Interessenjurisprudenz heute, in: Juristenjahrbuch, Bd. 1, 1960, S. 111—119

— Nachwort, in: Philipp Heck, Das Problem der Rechtsgewinnung. Gesetzesauslegung und Interessenjurisprudenz. Begriffsbildung und Interessenjurisprudenz. Bad Homburg v. d. H.-Berlin-Zürich 1968, S. 213—229

Fechner, Erich: Rechtsphilosophie, Soziologie und Metaphysik des Rechts, Tübingen 1956 (= Fechner, Rechtsphilosophie)
— Das kausale Rechtsdenken, eine Gefahr für die Rechtswissenschaft? Besprechung von Müller-Erzbach: Die Rechtswissenschaft im Umbau, in: AcP 151 (1950/51), 352 ff.
— Rechtssoziologie, in: Handwörterbuch der Sozialwissenschaften, Stuttgart-Tübingen-Göttingen, Bd. 8, 1964, S. 762—768 (= Fechner, Rechtssoziologie)

Forsthoff, Ernst: Zur Rechtsfindungslehre im 19. Jahrhundert, in: ZgesStW 96 (1936), 49—70
— Besprechung von Heck, Rechtserneuerung und juristische Methodenlehre, in: ZgesStW 97 (1937), 371

Franzen, Hans: Gesetz und Richter, Hamburg 1935

Frey, Peter: Der Rechtsbegriff in der neueren Soziologie, Diss. Saarbrücken 1962

Geiger, Theodor: Soziologie, in: Handwörterbuch der Soziologie, herausgegeben von Alfred Vierkandt, Stuttgart 1931, S. 568—578 (= Geiger, Soziologie)
— Vorstudien zu einer Soziologie des Rechts, Soziologische Texte, Band 20, Neuwied 1964 (= Geiger, Vorstudien)

Germann, Oskar Adolf: Grundlagen der Rechtswissenschaft, Bern 1950

Gnaeus Flavius (= *Kantorowicz*, Hermann): Der Kampf um die Rechtswissenschaft, in: Rechtswissenschaft und Soziologie, Karlsruhe 1962, S. 13 ff.

Goldschmidt, James: Gesetzesdämmerung, in: JW 1924, 245

Gurvitch, Georges: Grundzüge der Soziologie des Rechts. Soziologische Texte, Band 6, Neuwied 1960

Heck, Philipp: Das Recht der großen Haverei, Berlin 1889
— Besprechung von Fellner, Die rechtliche Natur der Inhaberpapiere, in: ZHR 37 (1890), 277
— Die Lebensversicherung zugunsten Dritter, eine Schenkung auf den Todesfall, in: ABR 4 (1890), 17
— Besprechung von L. v. Bar, Theorie und Praxis des internationalen Privatrechts, in: ZHR 38 (1891), 305
— Weshalb besteht ein von dem bürgerlichen Rechte gesondertes Handelsprivatrecht?, in: AcP 92 (1901), 438—466 (= Heck, Handelsprivatrecht)
— Interessenjurisprudenz und Gesetzestreue, in: DJZ 1905, 1139.
— Gesetzesauslegung und Interessenjurisprudenz, in: AcP 112 (1914), 1—318 (= Heck, Gesetzesauslegung)
— Das Problem der Rechtsgewinnung, 2. Aufl., Tübingen 1932
— Die reine Rechtslehre und die jungösterreichische Schule der Rechtswissenschaft, in: AcP 122 (1924), 173—194 (= Heck, Rechtslehre)
— Die Ausdehnung des § 817 Satz 2 auf alle Bereicherungsansprüche, in: AcP 124 (1925), 1—68 (= Heck, § 817)

- Grundriß des Schuldrechts, Tübingen 1929 (= Heck, Schuldrecht)
- Begriffsbildung und Interessenjurisprudenz, Tübingen 1932 (= Heck, Begriffsbildung)
- Max von Rümelin, in: AcP 134 (1932), 259 ff.
- Besprechung von Gysin, Arnold, Recht und Kultur auf dem Grunde der Ethik, in: AcP 136 (1932), 236
- Interessenjurisprudenz, in: Recht und Staat, Bd. 97, 1933 (= Heck, Interessenjurisprudenz)
- Die Leugnung der Interessenjurisprudenz durch Hermann Isay, in: AcP 137 (1933), 47—65 (= Heck, Leugnung)
- Die logische Analyse des juristischen Methodenstreits durch Richard Hönigswald, in: AcP 138 (1934), 129—143 (= Heck, Analyse)
- Rechtserneuerung und juristische Methodenlehre, in: Recht und Staat, Bd. 118, 1936 (= Heck, Rechtserneuerung)
- Die Interessenjurisprudenz und ihre neuen Gegner, in: AcP 142 (1936), 129, 297 (= Heck, Gegner).
- Rechtsphilosophie und Interessenjurisprudenz, in: AcP 143 (1937), 129 bis 196 (= Heck, Rechtsphilosophie).
- Heinrich Stoll, in: AcP 144 (1938), 3—31 (= Heck, Stoll)

Hegler, August: Die Merkmale des Verbrechens, in: ZgesStrW 36 (1915), 19 ff., 184 ff.

Henkel, Heinrich: Einführung in die Rechtsphilosophie, München-Berlin 1964

Herrfahrdt, Heinrich: Der Positivismus in der Rechtswissenschaft, in: Studium Generale 7 (1954), 86 ff.

von Hippel, Ernst: Zur Ontologie des Rechts, in: Studium Generale 12 (1959), 69 ff.

Hirsch, Ernst E.: Zu einer Methodenlehre der Rechtswissenschaft, in: JZ 1962, 329 ff.
- Besprechung von Drath, Grund und Grenzen der Verbindlichkeit des Rechts, in: JZ 1965, 329 ff.
- Das Recht im sozialen Ordnungsgefüge, in: Das Recht im sozialen Ordnungsgefüge. Schriftenreihe des Instituts für Rechtssoziologie und Rechtstatsachenforschung. Berlin 1966, S. 25 ff.
- Was kümmert uns die Rechtssoziologie?, in: Das Recht im sozialen Ordnungsgefüge. Schriftenreihe des Instituts für Rechtssoziologie und Rechtstatsachenforschung an der Freien Universität Berlin, Band 1, Berlin 1966, S. 38—54
- Die Rechtswissenschaft und das neue Weltbild, in: Das Recht im sozialen Ordnungsgefüge, Berlin 1966, S. 65 ff.
- Urheberrecht und verwandte Rechte, in: Das Recht im sozialen Ordnungsgefüge, Berlin 1966, S. 193—209
- Macht und Recht, in: Das Recht im sozialen Ordnungsgefüge, Berlin 1966, S. 243—259
- Aufriß einer Vorlesung „Rechtssoziologie", in: Das Recht im sozialen Ordnungsgefüge, S. 315—345
- Rechtssoziologie heute, in: Hirsch-Rehbinder, Studien und Materialien zur Rechtssoziologie, Köln 1967, S. 9—33

Hönigswald, Richard: „Begriff" und „Interesse", in: AcP 138 (1934), 1—16

Hubmann, Heinrich: Grundsätze der Interessenabwägung, in: AcP 155 (1956), 85—134

Jerusalem, Franz W.: Soziologie des Rechts, Band I, Gesetzmäßigkeit und Kollektivität, Jena 1925

— Grundzüge der Soziologie, Berlin-Wien 1930 (= Jerusalem, Grundzüge)

— Kritik der Rechtswissenschaft, Frankfurt am Main 1948 (= Jerusalem, Kritik)

Ihering, Rudolf von: Geist des römischen Rechts auf den verschiedenen Stufen seiner Entwicklung, 9. Aufl., Darmstadt 1953

— Der Besitzwille. Zugleich eine Kritik der herrschenden juristischen Methode, Jena 1889

Isay, Hermann: Die Methode der Interessenjurisprudenz, in: AcP 137 (1933), 33

Kantorowicz, Hermann: Die Contra-legem-Fabel, in: DRiZ 3, 258

— Rechtswissenschaft und Soziologie, in: Rechtswissenschaft und Soziologie. Ausgewählte Schriften zur Wissenschaftslehre. Freiburger Rechts- und Staatswissenschaftliche Abhandlungen. Band 19. Karlsruhe 1962, S. 117 ff.

— Staatsauffassungen, in: Rechtswissenschaft und Soziologie, Karlsruhe 1962, S. 69 ff.

Kelsen, Hans: Was ist Gerechtigkeit, Wien 1953

— Was ist juristischer Positivismus?, in: JZ 1965, 465

von Kempski, Jürgen: Bemerkungen zum Begriff der Gerechtigkeit, in: Studium Generale 12 (1959), 61 ff.

Knauthe, Karlheinz: Kausales Rechtsdenken und Rechtssoziologie, Berlin 1968

König, René: Recht, in: Fischer-Lexikon: Soziologie, Frankfurt 1958, S. 232 bis 239

— Das Recht im Zusammenhang der sozialen Normensysteme, in: Hirsch-Rehbinder, Studien und Materialien zur Rechtssoziologie, Köln 1967, S. 36—53

Kornfeld, Ignatz: Soziale Machtverhältnisse, Wien 1911

Kraft, Julius: Vorfragen der Rechtssoziologie, in: Zschr. f. vergl. RW 45 (1930), 1—78 (= Kraft, Vorfragen)

— Rechtssoziologie, in: Handwörterbuch der Soziologie, herausgegeben von Alfred Vierkandt, Stuttgart 1931, S. 466—479 (= Kraft, Rechtssoziologie)

Kreller, Hans: Interessenjurisprudenz. Zum 80. Geburtstag von Philipp Heck, in: ZAkDR 5 (1938), 624

— Philipp Hecks Lebenswerk und die Romanistik, in: ZdSavSt. RomAbt. 64 (1944), 469 ff.

Lange, Heinrich: Die Entwicklung der Wissenschaft vom bürgerlichen Recht seit 1933, in: Recht und Staat, Band 128, Tübingen 1941

Lange, Richard: Konstanz und die Rechtswissenschaft, in: JZ 1965, 737 ff.

— Noch einmal: Konstanz und die Rechtswissenschaft, in: JZ 1966, 344 ff.

Larenz, Karl: Rechts- und Staatsphilosophie der Gegenwart, 2. Aufl., Berlin 1935
— Rechtswissenschaft und Rechtsphilosophie. Eine Erwiderung, in: AcP 143 (1937), 257 ff.
— Methodenlehre der Rechtswissenschaft, Berlin-Göttingen-Heidelberg 1960 (= Larenz, Methodenlehre)
— Über die Unentbehrlichkeit der Jurisprudenz als Wissenschaft. Schriftenreihe der Juristischen Gesellschaft e. V. Berlin 1966 (= Larenz, Unentbehrlichkeit)
Lehmann, Heinrich: Besprechung von: Heck, Begriffsbildung und Interessenjurisprudenz, in: AcP 138 (1934), 95—103
Löhlein, R.: Rudolf Müller-Erzbach, in: NJW 1959, 1624
Lundstedt, Anders Vilhelm: Die Unwissenschaftlichkeit der Rechtswissenschaft. Erster Band. Basel 1932
— Law and Justice, a Criticism of the Method of Justice, in: Interpretations of Modern Legal Philosophy, New York 1947, S. 450
Manigk, Alfred: Savigny und der Modernismus im Recht, Berlin 1914
Müller-Erzbach, Rudolf: Wohin führt die Interessenjurisprudenz?, Tübingen 1932 (= Müller-Erzbach, Interessenjurisprudenz)
— Die Rechtswissenschaft im Umbau. Ihr Vordringen zu den bestimmenden Elementen des Zusammenlebens. München 1950 (= Müller-Erzbach, Umbau)
Neuy, Erich: Der Positivismus in der Rechtsphilosophie der Gegenwart, in: Studium Generale 7 (1954), 95 ff.
Noelle-Neumann, Elisabeth: Die Kunst, dem Volk aufs Maul zu schauen. Die Rolle der Demoskopie in der Bundesrepublik, in: Die Zeit, Nr. 8/1968, S. 30
Nußbaum, Arthur: Die Auflösung des Handelsrechtsbegriffs, in: ZHR 76 (1915), 325
— Die Rechtstatsachenforschung, in: AcP 154 (1955), 453
Oertmann, Paul: Gesetzeszwang und Richterfreiheit. Rede beim Antritt des Prorektorates der Kgl. Bayerischen Friedrich-Alexanders-Universität Erlangen am 4. 11. 1908, Leipzig 1909 (= Oertmann, Gesetzeszwang)
— Interesse und Begriff in der Rechtswissenschaft, Leipzig 1931 (= Oertmann, Interesse)
Olivecrona, Karl: Law as Fact, in: Interpretations of Modern Legal Philosophy, New York 1947, S. 549 ff.
Pawlowski, Hans Martin: Problematik der Interessenjurisprudenz, in: NJW 1958, 1561 ff.
Podlech, Adalbert: Anforderungen der Kybernetik an die Rechtswissenschaft, in: Recht und Politik, 1967, S. 84—87
Pound, Roscoe: The Need of a Sociological Jurisprudence, in: Green Bag 19 (1907), 607
— The Scope and Purpose of Sociological Jurisprudence, in: Harvard Law Review 24 (1911), 591; 25 (1912), 140, 489
— Contributor to: My Philosophy of Law, Credos of Sixteen American Scholars, 1941, S. 249—262

Puchta, Georg Friedrich: Cursus der Institutionen, Bd. 1, Leipzig 1841

Raiser, Ludwig: Die Rechtswissenschaft im Gründungsplan für Konstanz, in: JZ 1966, 87 ff.

Rehbinder, Manfred: Die öffentliche Aufgabe und rechtliche Verantwortlichkeit der Presse. Berliner Abhandlungen zum Presserecht. Heft 1. Berlin 1962 (= Rehbinder, Öffentliche Aufgabe)

— Die Grundlegung der Rechtssoziologie durch Eugen Ehrlich, in: KZfSS 15 (1963), 338 ff.

— Max Webers Rechtssoziologie, eine Bestandsaufnahme, in: KZfSS, Sonderheft 7, S. 470 ff. (= Rehbinder, Max Weber)

— Entwicklung und gegenwärtiger Stand der rechtssoziologischen Literatur, in: KZfSS 16 (1964), 533—567

— Zum Tode von Arthur Nußbaum, in: JZ 1965, 225

— Roscoe Pound (1870—1964), in: JZ 1965, 482 ff.

— Karl N. Llewellyn als Rechtssoziologe, in: KZfSS 18 (1966), 532—556 (= Rehbinder, Llewellyn)

— Die Begründung der Rechtssoziologie durch Eugen Ehrlich. Schriftenreihe des Instituts für Rechtssoziologie und Rechtstatsachenforschung der Freien Universität Berlin. Band 6. Berlin 1967 (= Rehbinder, Begründung)

— Die Rechtstatsachenforschung im Schnittpunkt von Rechtssoziologie und soziologischer Jurisprudenz, in: Jahrbuch für Rechtssoziologie und Rechtstheorie, Bd. 1 (1969) (= Rehbinder, Rechtstatsachenforschung)

Reichel, Hans: Gesetz und Richterspruch, Zürich 1915

Reinicke, G. und D.: Die Bindung des Richters an veraltete Gesetze, in: MDR 1957, 193

Rheinstein, Max: Karl Nickerson Llewellyn, in: RabelsZ 27 (1962), 601—605

Riebschläger, Klaus: Die Freirechtsbewegung, Berlin 1968

Riezler, Erwin: Das Rechtsgefühl, München 1946

Ross, Alf: Theorie der Rechtsquellen, Leipzig-Wien 1929

Rümelin, Max: Oskar Bülow, in: AcP 103 (1908), 1—33 (= Rümelin, Bülow)

— Die Billigkeit im Recht. Rede gehalten bei der akademischen Preisverteilung am 7. November 1921, Tübingen 1921 (= Rümelin, Billigkeit)

— Gesetz, Rechtsprechung und Volksbetätigung auf dem Gebiete des Privatrechts, in: AcP 122 (1924), 145

— Die Rechtssicherheit. Rede gehalten bei der akademischen Preisverteilung am 6. November 1924, Tübingen 1924 (= Rümelin, Rechtssicherheit)

— Rechtsgefühl und Rechtsbewußtsein. Rede gehalten bei der akademischen Preisverteilung am 6. November 1925, Tübingen 1925 (= Rümelin, Rechtsgefühl)

— in: Planitz, Die Rechtswissenschaft in Selbstdarstellungen, Bd. 2, S. 171, Leipzig 1925

— Die bindende Kraft des Gewohnheitsrechts und ihre Begründung. Rede gehalten bei der akademischen Preisverteilung am 6. November 1929, Tübingen 1929 (= Rümelin, Gewohnheitsrecht)

— Erlebte Wandlungen in Wissenschaft und Lehre, Rede gehalten bei der akademischen Preisverteilung am 6. November 1930, Tübingen 1930 (= Rümelin, Wandlungen)

Sauer, Wilhelm: System der Rechts- und Sozialphilosophie, 2. Aufl., Basel 1949

Schmid, Richard: Vergehen, die ohne Strafe bleiben. Besprechung von Fritz Bauer, Auf der Suche nach dem Recht, in: Die Zeit, Nr. 27/1967, S. 34

Schmidt-Rimpler, Walter: Hans Wüstendörfer, in: AcP 151 (1950/51), 481 ff.

Schönfeld, Walter: Puchta und Hegel, in: Binder-Festgabe 1930

— Grundlegung der Rechtswissenschaft, Stuttgart-Köln 1951

Seidl, Erwin: Rudolf Müller-Erzbach 85 Jahre alt, in NJW 1959, 568

Sinzheimer, Hugo: Jüdische Klassiker der deutschen Rechtswissenschaft, Amsterdam 1938

Stampe, Ernst: Gesetz und Richtermacht, in: DJZ 1905, 1017

Stoll, Heinrich: Begriff und Konstruktion in der Lehre der Interessenjurisprudenz, in: Festgabe für Philipp Heck, Max Rümelin, Arthur Benno Schmidt, Tübingen 1931, S. 60—117 (= Stoll, Begriff)

— Das Bürgerliche Recht in der Zeitenwende, Stuttgart 1933 (= Stoll, Bürgerliches Recht)

Stoltenberg, Hans L.: Geschichte der Soziologie, in: Handwörterbuch der Soziologie, herausgegeben von Alfred Vierkandt, Stuttgart 1931, S. 579 bis 588

Timasheff, N. S.: An Introduction to the Sociology of Law, Cambridge 1939

Trappe, Paul: Internationale Bibliographie der Rechtssoziologie (zweite, erweiterte Fassung). Anhang zu Theodor Geiger, Vorstudien zu einer Soziologie des Rechts. Soziologische Texte, Band 20, Neuwied 1964, Seite 421—466 (= Trappe, Anhang)

— Die legitimen Forschungsbereiche der Rechtssoziologie. Einleitung zu Theodor Geiger, Vorstudien zu einer Soziologie des Rechts. Soziologsiche Texte, Band 20, Neuwied 1964, S. 13—36 (= Trappe, Einleitung)

Ulmer, Eugen: Besprechung von: Paul Oertmann, Interesse und Begriff in der Rechtswissenschaft, in: AcP 135 (1932), 218—224

Weber, Max: Diskussionsbeitrag nach Kantorowicz' Rede: Rechtswissenschaft und Soziologie, in: Verhandlungen des Ersten Deutschen Soziologen-Tages, Tübingen 1911, S. 325

— Rechtssoziologie. Aus dem Manuskript herausgegeben und eingeleitet von Johannes Winckelmann. Soziologische Texte, Bd. 2, Neuwied 1960

— Wirtschaft und Gesellschaft, Grundriß der verstehenden Soziologie, Studienausgabe, Köln-Berlin 1964, 1. Halbband

Weinkauff, Hermann: Der Naturrechtsgedanke in der Rechtsprechung des Bundesgerichtshofes, in: NJW 1960, 1689

Weischedel, Wilhelm: Recht und Ethik. Karlsruhe 1956

Welzel, Hans: Studien zum System des Strafrechts, in: ZgesStrW 58 (1939), 491 ff.

Welzel, Hans: Naturrecht und materiale Gerechtigkeit, Göttingen 1960

Wesenberg, Gerhard: Neuere deutsche Privatrechtsgeschichte (im Rahmen der europäischen Rechtsentwicklung), Lahr 1954

Wieacker, Franz: Privatrechtsgeschichte der Neuzeit (unter besonderer Berücksichtigung der deutschen Entwicklung), Göttingen 1952

Wittmann, Waldemar: Der Wertbegriff in der Betriebswirtschaftslehre, 1956

Wohlhaupter, Eugen: Besprechung von Heck, Untersuchungen zur altsächsischen Standesgliederung, in: ZgesStW 96 (1936), 744

Wolf, Erik: Große Rechtsdenker der deutschen Rechtsgeschichte, 4. Aufl., Tübingen 1963.

Würtenberger, Thomas: Philipp Heck, in: Handwörterbuch der Sozialwissenschaften, Band 5, S. 94

Wüstendörfer, Hans: Die deutsche Rechtsprechung am Wendepunkt, in: AcP 110 (1913), 219

Zweigert, Konrad: Juristische Interpretation, in: Studium Generale 7 (1954), 380

Printed by Libri Plureos GmbH
in Hamburg, Germany